Martin Pabst

DER TOD IST EIN TÄGLICHER GAST

AF273139

Am 16. April 1944 wurden 468 Holländer in Beverwijk als Geiseln verhaftet und zunächst zum polizeilichen Durchgangslager Amersfoort gebracht. Nach Angaben des Niederländischen Reichsinstituts für Kriegsdokumentationen sind am 6. und 28. Juni 1944 Transporte mit 726 Geiseln von Amersfoort zu den Arbeitsämtern in Halle (Saale) und Merseburg abgefahren. Unter diesen Deportierten befanden sich auch die Geiseln von Beverswijk, die zuerst ins Arbeitserziehungslager Spergau bei Merseburg eingeliefert wurden. Nach der Zerstörung des Lagers Spergau durch einen Luftangriff am 29. Juli 1944 kamen die holländischen Geiseln zunächst in das Lager Schkopau/Korbetha. Nach Aufbau des Lagers Zöschen im September 1944 wurden die holländischen Geiseln dorthin gebracht. Ein Außenkommando, bestehend aus holländischen Häftlingen, arbeitete später beim Aufbau eines Flugplatzes bei Schafstädt. Von dort gelangten die Überlebenden in ein Lager in Ammendorf.

In seiner verdienstvollen Dokumentation beschreibt der Cuxhavener Autor Martin Pabst, der sich bis zu seinem Tod im Jahr 2002 diesem Spezialgebiet geschichtlicher Forschung zugewandt hat, das Leben, Leiden und Sterben der holländischen Häftlinge in den sogenannten Arbeitserziehungslagern Mitteldeutschlands anhand von Augenzeugenberichten und Dokumentationen aus Merseburger Archiven und erschließt uns auf diese Weise Tatsachen, die bisher wenig oder gar nicht bekannt gewesen waren.

Martin Pabst

Der Tod ist ein täglicher Gast

Holländische Geiseln und Widerstandskämpfer 1944/45
in den Arbeitserziehungslagern Zöschen,
Schafstädt und Ammendorf/Osendorf

Augenzeugenberichte
holländischer Häftlinge und deutscher Anwohner,
Dokumente aus Merseburger Archiven

Bibliografische Information der Deutschen Nationalbibliothek:
Die Deutsche Nationalbibliothek verzeichnet diese Publikation in
der Deutschen Nationalbibliografie. Detaillierte bibliografische Daten sind im Internet über http://dnb.d-nb.de abrufbar.

Martin Pabst, Der Tod ist ein täglicher Gast.
Hrsgb: Doris Claudia Mandel
Nachdruck der 1998 beim Verlag DorisMandel erschienenen ersten
und der 2007 bei der Galgenbergschen Literaturkanzlei
herausgegebenen zweiten Auflage
Copyright © der vorliegenden Ausgabe (3. Auflage) Doris Claudia
Mandel, 2016
Alle Rechte vorbehalten
Satz und Umschlaggestaltung: team glk
Titelfoto: Copyright © 2007 Galgenbergsche Literaturkanzlei und
deren Lizenzgeber. Alle Rechte vorbehalten.
Zum Quellen- und Abbildungsnachweis siehe Anhang
Herstellung und Verlag: BoD - Books on Demand, Norderstedt
Printed in Germany

ISBN 9783839147702

INHALTSVERZEICHNIS

Am 16. April 1944 wurden 468 Holländer in Beverwijk als Geiseln verhaftet und zunächst zum polizeilichen Durchgangslager Amersfoort gebracht. Nach Angaben des Niederländischen Reichsinstituts für Kriegsdokumentationen sind am 6. und 28. Juni 1944 Transporte mit 726 Geiseln von Amersfoort zu den Arbeitsämtern in Halle (Saale) und Merseburg abgefahren. Unter diesen Deportierten befanden sich auch die Geiseln von Beverswijk, die zuerst ins Arbeitserziehungslager Spergau bei Merseburg eingeliefert wurden.

Über das Schicksal der Holländer in Spergau handelt meine Broschüre „Das Arbeitserziehungslager Spergau bei Merseburg", die 1996 in der Reihe des Geschichtsstammtischs Leuna erschienen und über die Robert-Bosch-Stiftung Stuttgart zu beziehen ist. Nach der Zerstörung des Lagers Spergau durch einen Luftangriff am 29. Juli 1944 kamen die holländischen Geiseln zunächst in das Lager Schkopau/Korbetha. Nach Aufbau des Lagers Zöschen im September 1944 wurden die holländischen Geiseln dorthin gebracht. Von Zöschen aus wurde ein Kommando holländischer Häftlinge zum Aufbau eines Flugplatzes nach Schafstädt geschickt. Von dort gelangten die Überlebenden in ein Lager in Ammendorf.

Das vorliegende Buch beschreibt das Schicksal der holländischen Häftlinge in Zöschen, Schafstädt und Ammendorf. Herrn Frans Busschers aus Enschede und Herrn Joop Epskamp danke ich für umfangreiche Berichte. Beide Herren habe ich bei einer Gedenkfeier in Zöschen persönlich kennengelernt und stehe mit ihnen in brieflicher und telefonischer Verbindung.

Die Tagebuchaufzeichnungen von Herman Poelma, die bereits in holländischer Sprache in einem Buch von Harm Reinders veröffentlicht wurden, habe ich in einer deutschen Übersetzung von Frau Hannelore Hauptmann aus Zöschen bekommen.

Die Todesfälle unter den holländischen Häftlingen wurden nach Meldung der Gestapo bei den zuständigen Standesämtern eingetragen. Die Grabstellen waren: Auefriedhof in Zöschen, Gertraudenfriedhof in Halle (Saale) und Alter Friedhof in Obhausen. Nach einer Liste vom 21. Dezember 1991 wurden 98 sterbliche Überreste von holländischen Häftlingen nach Holland überführt. 46 Urnen von holländischen Häftlingen müssten noch auf dem Ehrenfriedhof in der Aue ruhen, der aufgrund der Verdienste von Frau Edda Schaaf 1991 wieder auf seinem ursprünglichen Platz geweiht wurde.

Nach gründlicher Prüfung habe ich beschlossen, eine Liste mit den Namen aller holländischen Todesopfer zu veröffentlichen; sie findet sich im Anhang dieses Buches.

Meine Arbeit wurde finanziell unterstützt vom Heimatverein Zöschen, dem Verein Sachzeugen der chemischen Industrie, dem Landrat des Landkreises Merseburg-Querfurt, dem Regierungspräsidium Halle (Saale) und dem Olefinverbund Schkopau.

Den Mitarbeitern der Urkundenstelle der Kreisverwaltung Merseburg-Querfurt, der Verwaltungsgemeinschaft Kötzschau in Zöschen, dem Kreisarchiv Merseburg, dem Landesarchiv Merseburg, den Werksarchiven Leuna und BUNA, die mir bei meiner schwierigen Arbeit geholfen haben, gilt mein besonderer Dank.

Cuxhaven, den 5. September 1997, Martin Pabst

Frans Buschers Leidenszeit in Zöschen

Der Marsch der holländischen Häftlinge von Spergau nach Schkopau

Am Abend, in der Dämmerung, mussten wir antreten, und unter Aufsicht von halb und völlig betrunkenen Wachtmeistern marschierten wir los. Es schien uns eine Ewigkeit unter dem ständigen Geschrei der Wachtmeister. Gott sei Dank waren sie nicht imstande, uns zu schlagen. Als dann endlich das Kommando „Stillgestanden!" kam, bemerkten wir, dass wir wieder in Schkopau waren. Wir durften in die Baracken wegtreten und uns aufs Bett legen. Obwohl wir alle todmüde waren, konnten doch einige unter uns wegen des Hungers nicht sofort einschlafen. Ich fühlte mich zugleich glücklich und schuldig. Glücklich, weil wir zu dritt - durch meine Kenntnisse in der deutschen Sprache - Essen bekommen hatten, und schuldig, weil wir das den anderen verschwiegen hatten. Je länger unsere Gefangenschaft dauerte, desto klarer wurde mir, dass zwischen drei oder vier Personen zwar eine gute Freundschaft möglich war, aber auch jeder für sich selbst ums Überleben kämpfen musste.

Am nächsten Morgen, beim Appell, sahen wir, dass es dieselbe Baracke war, die wir am 6. Juli 1944 verlassen hatten. Noch immer rundherum mit Stacheldraht umgeben; aber jetzt waren auch Franzosen da. Dort gab es auch Duschen, und so konnten wir uns endlich einmal richtig säubern und die Unterwäsche waschen. Da wurde uns klar, dass unser Gepäck mit Unterwäsche, Oberbekleidung, Wintersachen und Schuhen verloren war beim letzten Angriff auf das Leuna-Werk und das Lager. Alles, was übrig geblieben war, war mein grauer Häftlingsanzug mit der Nummer 8136 und einem großen, gelben E auf dem Rücken und die Angst, was nun weiter mit uns geschehen würde.

Anfang August fuhren alle holländischen Geiseln mit dem Zug nach Zöschen und zurück, um dort ein neues Lager zu bauen. Das war ein Grundstück, auf dem man das Korn bereits abgeerntet hatte. Am Straßenrand ein großes Feld mit Tomaten und daneben kohlartige Pflanzen mit einer harten, grünen, apfelartigen Frucht. Dem Lager gegenüber wohnte der Landwirt und Gärtner Zschäpe. Einige Baracken standen schon da, gebaut aus Betonpfählen und Betonplatten. Das Lager sollte gebaut werden durch Otto Schweigel aus Weißenfels. Der Name stand auf dem Materialwagen. Der Hauptpolier war Alwin, ein alter Mann, der jeden Morgen mit dem Moped angefahren kam. Dann war noch ein Polier dabei, den nannten wir „langer Ernst", und der Maurerpolier Franz, der beste Mann im ganzen Lager. Die erste Arbeit war für uns, Löcher zu graben mit Hacke und Schaufel, dicke Telefonpfähle da hinein zu stellen und mit Beton auszugießen. Hier stellte sich schon heraus, wer Bauarbeiter war und wer nicht. Für die letzte Gruppe blieb fast nur Schwerstarbeit übrig, die musste Erde ausschachten für die Fundamente der Baracken, und Betonstützen setzen für Fundamente und Fußböden. Das geschah alles unter Aufsicht der Poliere von Schweigel. In der Nähe standen SS-Wachen, um aufs Tempo zu drücken. Die Poliere haben zwar oft gemeckert, uns aber nie geschlagen.

Ich war unter anderem mit mehreren Häftlingen beschäftigt, die Stacheldrahtsperren rings um das Lager anzubringen hatten, außerdem die Drahtsperren zwischen den Häftlingsbaracken und den Baracken der Wachmannschaften, der Schreibstube, der Kleiderkammer, der Küche und dem Frauenlager. Zwischen der Küche und dem Frauenlager gab es darüber hinaus eine Biberfarm. In der Stacheldrahtsperre, zwischen dem Häftlingslager und den SS-Baracken, stand ein großes, doppelflügliges Tor.

MODELL DES ARBEITSERZIEHUNGSLASGERS ZÖSCHEN

(STAND: APRIL 1945),
wie es heute in der Zöschener Schule zu sehen ist.

ERLÄUTERUNGEN ZUM MODELL

1. Wache und Verwaltung
2. Küche und SS-Unterkünfte
3. - 6. Baracken für die Gefangenen
7. Latrine
8. Sanitätsbaracke
9. Bekleidungsmagazin
10. im Aufbau befindliches Frauenlager
11. Appell-Platz
12. Wohnhaus Wolf
13. Wohnhaus Bley
14. Schachtteich
15. - 18. Wachttürme
19. Todesstreifen ums Lager
Der Eingang zum Lager befand sich rechterhand in der Mitte.

Reproduktion mit Unterstützung von R. Hüßner

Als wir nach etwa zehn Tagen, immer zwischen Schkopau und Zöschen hin und her reisend, die letzten der Absperrungen fertig hatten, wurden auch die Wachtürme aufgebaut und die von Schweigel angefertigten Silos (sogenannte Zelte) aufgestellt (*siehe die Abbildung auf Seite 17*). Letztere waren in zwei Reihen nebeneinander

platziert. Insgesamt zwanzig bis fünfundzwanzig Stück. Die „Zelte"
waren aus Hartfaserplatten, Durchmesser sechs bis sieben Meter, die
Wände 1,60 bis 1,80 Meter hoch. Auch das Dach bestand aus Hartfaserplatten, zum Mittelpunkt hin schräg aufsteigend bis in eine Höhe
von 2,40 Meter, mit einem Luftloch im Zentrum, das wiederum mit
Hartfaserplatten abgedeckt war. Auf dem Boden lagen zehn bis fünfzehn Zentimeter Stroh und eine Pferdedecke pro Person.

Maurerarbeiten am Hauptgebäude

Wachtmeister Pabst muss auch ein Maurerpolier gewesen sein,
denn als die Maurer mit den Außenwänden anfingen, fragte er, wie
viele Mauerverbände ich schaffen könnte. Da ich es nicht in deutscher Sprache erklären konnte, habe ich mit einem Nagel sechs oder
sieben Verbände in den Sand gezeichnet.

Als der Wachtmeister einige Tage später mit einer Kelle kam, sagte er:
„Ich will doch mal sehen, wer die meisten Steine gut vermauert hat",
und dann: „Ich bin mit euch zufrieden!"

Von diesem Augenblick an war er für unsere Gruppe nicht mehr der
Wachmann mit dem Knüppel.

Mittlerweile hatten die Häftlinge angefangen, die Erde auszuschachten für einen Keller des Hauptgebäudes, das heute noch steht.
Das alles geschah mit Schaufel und Schubkarre. Man musste über
Bretter die Schubkarre ungefähr drei Meter nach oben schicken. Die
ersten Materialien, die man zum Bau des Hauptgebäudes brauchte,
waren Kies und Zement. Es gab auch Kommandos für die Kiesgrube.
Der Kies wurde von russischen Zwangsarbeitern mit Pferd und Wagen ins Lager gebracht.

Ende September hatten wir das Hauptgebäude so gut wie hoch-
gezogen, nur das Dach musste noch aufgesetzt werden. Die Räume
im Keller waren verputzt und wurden als Kartoffelkeller benutzt. Im

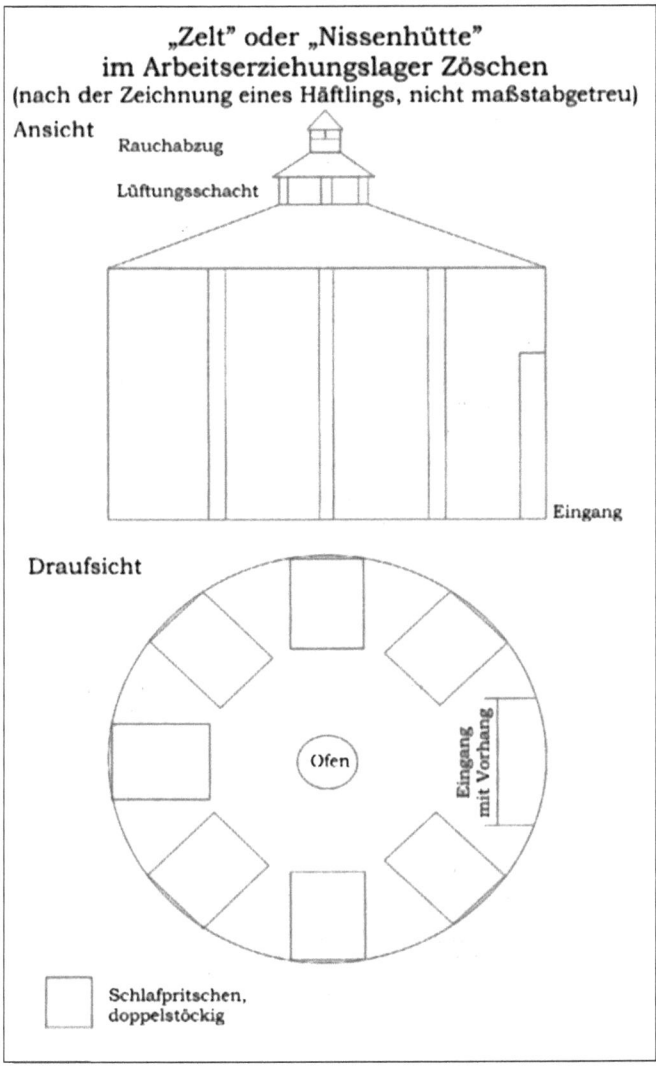

**„Zelt" oder „Nissenhütte"
im Arbeitserziehungslager Zöschen**
(nach der Zeichnung eines Häftlings, nicht maßstabgetreu)

Ansicht

Rauchabzug

Lüftungsschacht

Eingang

Draufsicht

Ofen

Eingang mit Vorhang

Schlafpritschen,
doppelstöckig

Oktober waren die meisten Baracken nahezu fertig, auch die Wachräume für die Wachmänner. Wir Holländer lebten immer noch in den Zelten und immer mehr Häftlinge und Wachmänner kamen ins Lager.

17

Mitte November war es bereits eisig kalt, und wir versuchten, die Krankenbaracke vor Einbruch des Winters fertig zu bekommen.

Wenn beim Zählappell die Nummern der Häftlinge aufgerufen wurden, übersetzte man sie zuerst ins Deutsche, dann ins Französische und zuletzt ins Polnische und Russische. Die Häftlinge hatten dann mit „Hier" oder „Ja" zu antworten. Auf dem Appellplatz standen sie in schnurgeraden Linien im Karree, die erste bis zur letzten mit derselben Anzahl an Häftlingen. Diejenigen, die übrig blieben, waren ein Stück abseits hinter der letzten Reihe aufgestellt. Dann wurden die Reihen samt dem verbliebenen Rest addiert. Wenn alles klappte, dauerten die täglichen Zählappelle eine Dreiviertel- bis eine volle Stunde. Gab es Probleme, waren zwei Stunden oder mehr keine Ausnahme.

Bei der abendlichen Rückkehr des Kommandos ins Lager musste die Anzahl der Häftlinge genauestens stimmen - egal, ob die Leute tot oder lebendig waren. Die tagsüber gestorben waren, mussten von den Häftlingen des Außenkommandos mitgeschleppt und im Lager abgeliefert werden, denn der Wachführer verglich penibel die Anzahl derer, die am frühen Morgen in Kommandos das Lager verlassen hatten, mit der jener, die am Abend wieder ins Lager zurückkehrten. Wenn die Zahlen nicht übereinstimmten, gab es, gelinde gesagt, Ärger. Dann standen wir stundenlang auf dem Appellplatz stramm, bis man den Fehler ermittelt hatte. Die Toten, die am Abend ins Lager zurückgebracht worden waren, wurden durch die Nummern auf ihrem Rücken identifiziert.

Im Anschluss an den Morgenappell um 6:00 Uhr - zuvor waren wir mit Stockschlägen aus den Zelten hinaus getrieben worden - gab es eine Tasse Malzkaffee. Nun wurden die Kommandos für Leuna,

BUNA und die Kiesgrube zusammengestellt. Die meisten Holländer blieben jedoch im Lager. Regnete es, verdreckte das gesamte Lager wegen des Lehmbodens, und manchmal verloren wir im Schlamm unsere Holzschuhe. Ich erinnere mich an eine polnische oder russische Frau, die von einem Wachmann aus der Schreibstube geworfen worden war und in Wasser und Lehmmatsch hin und her rollte, weinte und jammerte. Das einzige, was ich verstehen konnte, war: „Mein Sohn, mein Sohn!" Nach dem Abendappell bekamen wir unsere Kalt- und Warmverpflegung: ein Stück Brot (ein- oder zweimal pro Woche mit einem Klecks Butter dazu), so groß wie eine Streichholzschachtel, und eine Schüssel Suppe aus Rübenblättern mit ein oder zwei schlechten Kartoffeln.

ERLEBNISSE BEI FLIEGERALARM IM STOLLEN UND BEIM BOMBENENTSCHÄRFEN AUF DEM SPORTPLATZ.

Als uns eines Tages ein Wachmann, den ich vorher noch nie gesehen hatte, bei unserem Kommando abmeldete, fragte er: „Wo hast du Deutsch gelernt?"
Während ich es ihm erklärte, zündete er eine Zigarette an, und ich war verblüfft, als auch ich eine angeboten bekam. Ich denke, das wird für ihn wohl sein allererster Tag als Wachmann bei uns gewesen sein. Er war an der Ostfront gewesen und hatte einen Arm verloren.
Er sagte: „Für euch Häftlinge gibt es keinen Luftschutzbunker mehr, und ich will versuchen, ein gutes Versteck zu finden."
Als dann später Luftalarm gegeben wurde, nahm er uns mit in Richtung Eisenbahn. Unten war ein Fluss und an beiden Seiten des Wassers ein Fußpfad. Dort gab es eine Art Gewölbe, in das wir uns setzen konnten. Der Wachmann stand außerhalb unseres Unterschlupfes und suchte den Himmel nach den näher kommenden Flugverbänden ab. Bald trafen mehr und mehr Zivildeutsche ein, die sich auf

ihre Gasmaskenbehälter setzten und uns mit den Worten: „Haut ab, Häftlinge gehören nicht hier 'rein!" verdrängen wollten. Als das unser Wachmann mitkriegte, kämpfte er mit Schimpftiraden und Drohungen unsere Plätze wieder frei. Ob die Zivildeutschen sich im nachhinein beim Lagerführer beschwert haben, weiß ich nicht. Jedenfalls habe ich diesen Wachmann später nicht wiedergesehen.

Ungefähr zwei Tage nach dem letzten Luftangriff ging es mit einem Kommando nach Leuna, wo wir in verschiedene Gruppen aufgeteilt wurden. Jupp und ich blieben allein mit einem Wachmann zurück und gingen mit ihm zu einem Fußballfeld. Vor lauter Bombentrichtern war dort kein Rasen mehr zu erkennen. In etwa zweihundert bis dreihundert Metern Entfernung erkannten wir eine Menge eiserner Röhren auf einem fünf oder sechs Meter hohen Gerüst, die fast alle zerstört in die Gegend kragten. An dieser Stelle war ein Blindgänger eingeschlagen.

Der Wachmann hatte eine Arschruhe und sagte: „Die Bombe da muss freigelegt werden. Ihr könnt Deutsch. Wenn ihr meine Anweisungen genau befolgt, kann nichts schiefgehen."

Als ich auf dem Koppelschloss des Mannes die Inschrift „Gott mit uns" las , dachte ich: ‚Genau das wünschen wir uns!' Wir haben sehr vorsichtig und langsam gegraben. Zum Glück ist alles gutgegangen.

SCHIKANEN UND MISSHANDLUNGEN

Anfang November 1944. Unsere Gruppe stand beim Abendappell: Weil dem Wachmann unsere Leistung zu niedrig erschien, durften wir nicht in die „Zelte" wegtreten, sondern mussten auf dem Appellplatz stehen bleiben.

„Rührt euch nicht vom Fleck!" lautete sein Befehl. Als der Wachmann wegen der Kälte seine warme Baracke aufsuchte, stellten wir uns dicht aneinander, um uns, so gut es ging, gegen die Kälte zu schützen.

Kaum kam der Wachmann zurück und wies an, dass wir uns wieder „ordentlich" in Reih' und Glied zu stellen hatten, kippte einer von uns um und war tot.

Ab und zu wurden am Ende des Abendappells Nummern in deutscher, französischer und russischer Sprache aufgerufen, Nummern von Häftlingen, die freigelassen werden sollten. Für diese Gelegenheit hatten sich zwei Wachmänner eine besondere Schikane ausgedacht: Eine Nummer wurde aufgerufen, und sobald der Häftling sich meldete, bekam er den Auftrag, so schnell wie möglich ans Ende des Lagers zu laufen und dort seine Nummer zu rufen.

Diesmal traf es einen Holländer aus Groningen. Als er vom anderen Ende des Lagers her seine Nummer rief, standen die Wachmänner mit der Hand als Schalltrichter am Ohr und grölten zurück:

„Lauter, wir verstehen nichts!"

Daraufhin schrie der Mann aus Groningen noch lauter und bekam prompt zu hören:

„Du bist zu schwach, um freigelassen zu werden. Du bleibst noch einen Monat hier, um dich zu stärken!"

Wenige Tage später war der Mann aus Groningen tot.

Ein Holländer namens Piet war auf Kommando nach Merseburg. Auf dem Heimweg ins Lager sah er von ferne seine Frau. In einer Gefühlsregung ließ er das Kommando Kommando sein und lief ihr entgegen. Der Wachmann deutete dies als einen Fluchtversuch. Das war das Ende für Piet.

Jupp Dylslak hatte von einem Wachmann für das Eckenmauern eine lange Wasserwaage aus Teakholz bekommen. Somit war er für ein teures Werkzeug verantwortlich. Dieser Zustand dauerte allerdings nicht lange an, denn einige Tage später erwischte der Wachmann Kiesling im Kellerraum einen Häftling, der sich dort heimlich schlafen gelegt hatte. Weil nichts anderes griffbereit war, nahm der Wachmann

*Eine der Baracken des Lagers im heutigen Zustand,
mit Aufbauten aus der Nachkriegszeit.*

*Die Latrine, die am äußersten Ende des Lagers
außerhalb des Barackenbereichs stand.*

die Wasserwaage und schlug damit auf den Häftling ein. Dann brachte er die kaputt gedroschene Wasserwaage zurück.

BOHNENPFLÜCKEN AUF DEM FELDE

Eines Tages waren wir mit zehn, zwölf Häftlingen zum Bohnenpflücken eingeteilt. Es dauerte nicht lange, da fing es an zu regnen. Der Wachmann setzte sich in eine Scheune. Unsere Arbeit ging bei strömendem Regen weiter, selbstredend. Als wir dann endlich gegen 18:00 Uhr ins Lager zurückkehrten, waren wir bis auf die Haut durchnässt. Nach dem Abendappell haben Jupp und ich, weil wir pro Person bloß eine Pferdedecke hatten, uns dicht nebeneinander gelegt, um uns gegenseitig zu wärmen. Eine Decke auf den Boden, die zweite zum Zudecken.

ZEMENTSÄCKE SCHLEPPEN

Die ersten Materialien, das man zum Errichten des Hauptgebäudes brauchte, waren Kies und Zement. Folglich gab es auch ein Kommando für die Kiesgrube. Der Kies wurde - wie gesagt - von russischen Zwangsarbeitern mit Pferd und Wagen ins Lager gebracht. Die Baracken für die Russen und die Pferdeställe stehen noch immer unweit des Gemeindehauses Zöschen. Den Zement lieferte man per Eisenbahn in Waggons am Bahnhof Zöschen an. Zuerst mussten die Häftlinge die Säcke auf Schultern und Rücken über eine Entfernung von dreihundert oder vierhundert Metern bis ins Lager tragen, unter Aufsicht der brüllenden SS-Männer. Die Allerstärksten unter uns, ich denke an die Gebrüder Burger, an Joep van Hest, Ab Kleingeld und Giriau Nicolai, haben es für gewöhnlich geschafft, den Sack Zement unbeschädigt ins Lager zu bringen. Die weniger Kräftigen ließen ihre Zementsäcke oft fallen, und davon war der ganze Weg vom Bahnhof bis zum Lager mit dem feinen, weißen Staub bestreut, ebenfalls Kleidung und Körper der Häftlinge. Weil bei der Plackerei zu viel Zement verloren ging, wurden schließlich die Russen beauftragt, die Arbeit mit Pferd und Wagen zu übernehmen.

PRÜGEL DURCH DEN WACHMANN GERBSCH

Bei den Baracken mussten Ableitungsrohre eingegraben werden. Weil das Gelände nicht ebenerdig war, hatten die Häftlinge die Rinne an einigen der hügeligen Stellen mit Hacke und Schaufel auszugraben. Der Wachtmeister „Ome Keesje"[1] hatte hierüber die Aufsicht. Den ganzen Tag über lief dieser Unmensch hin und her und schlug ohne jeden Grund mit seinem Gummiknüppel auf die Arbeitenden ein. Die Häftlinge, die an der tiefsten Stelle der Rinne schufteten, konnte er nicht so leicht treffen wie die anderen. Als er einmal wutentbrannt seine Pistole ziehen wollte, sagte der Wachtmeister P.:

„Verschwende keine Munition, nimm doch lieber eine Hacke!"

Im November, in der ersten argen Kälte, hatten einige Häftlinge leere Zementsäcke um ihre Unterleiber gewickelt, um sich vor dem Frost zu schützen. Dadurch wirkten sie korpulenter als die Häftlinge gewöhnlich. Das war den Wachmännern wohl aufgefallen. Beim Abendappell mussten sich die Häftlinge entkleiden und länger als eine halbe Stunde ohne Hose in der eisigen Kälte stehen bleiben.

---

[1] *Anm.: ome = Onkel. „Onkel Keesje" war eine in Holland bekannte Witz-figur, die mit wenig schmeichelhaften Eigenschaften ausgestattet war und in etwa dem neueren deutschen „Ekel-Alfred" vergleichbar ist. Wahrscheinlich aus diesem Grunde, aber wohl auch seines Aussehens wegen, erhielt Gerbsch diesen Spitznamen.*

FLUCHT AUS DEM LAGER

Zu Beginn der Bauarbeiten am Lager ist ein Holländer geflüchtet. Das war Lammert Bax aus Assendelft, der einst im Barackenzwischengang des holländischen Sammellagers Amersfoort bis zum endgültigen Verbot durch die SS allabendlich Bibel-Lesungen abgehalten hatte, mit einem kleinen Gebet am Ende. Normalerweise wurde jeder Flüchtling erwischt und früher oder später ins Lager zurückgebracht. Von Lammert Bax hat weder in Deutschland noch nach Kriegsende in Holland irgend jemand wieder etwas gehört.

DIE LAGERSTRAFEN

Einer der Wachmänner hatte einen Ochsenziemer an der Barackenwand aufgehängt. Wenn ein Häftling gründlich bestraft werden sollte, dann wurde er auf die Schreibstube geholt. Er musste sich mit dem Bauch auf eine Bank legen und bekam fünfundzwanzig Schläge mit dem Ochsenziemer. Für gewöhnlich konnte der Prügelknabe danach drei oder vier Tage lang weder laufen noch sitzen.

UNUMSCHRÄNKTER HERRSCHER TOD -
WIE JAN HETTEMA STARB

Arie Meijdam war in Holland seit Jahren beim Brückenbau beschäftigt gewesen. Er war der einzige Häftling im Lager, der Ahnung von armiertem Beton hatte und davon, wie man Betoneisen richtig biegt. Als Hilfsarbeiter nahm er Jan Hettema zu sich. Der war schon krank, und Arie tat sein Bestes, um ihm zu helfen.
„Du biegst nur dann Eisen, wenn ein Wachtmeister in der Nähe ist Ansonsten tust du nur so, als ob, verstanden?"
Der Dreh half leider nicht. Jan Hettema ist so oft zusammengeschlagen worden, dass er zwei oder drei Wochen nach Antritt seines Jobs starb.

Im Monat November 1944 sind im Lager Zöschen zweiundfünfzig Holländer gestorben. In den letzten beiden Wochen jenes Monats
ging das Gerücht um, die holländischen Geiseln würden bald entlassen. Wachmeister Pabst bestätigte uns das:

„Ein Teil von euch geht zu Otto Schweigel nach Weißenfels, ein anderer
Teil bleibt hier, aber nicht mehr als Häftlinge. Das heißt natürlich
nicht, dass ihr tun und lassen könnt, was euch gefällt…"
Selbstverständlich wurde am Abend im „Zelt" die bevorstehende
Entlassung heiß diskutiert.

Heute, nach zweiundfünfzig Jahren, kann ich mich nicht mehr an
sämtliche Namen der Kameraden in unserem „Zelt" erinnern. Aber
ich kenne noch Jan Grapendaal, Arie Meijdam, Cor Nunning, Jupp
Dylslag und Peet. Bei seiner Verhaftung war Peets Frau schwanger.
Nun war er körperlich und geistig völlig am Ende.

Als er kurz vor Kriegsende von der bevorstehenden Entlassung hörte,
sagte er: „Ihr geht alle nach Holland zurück, nur ich muss zurückbleiben, weil ich krank bin".

Wir haben ihn beruhigt und ihm versprochen, dass wir keinesfalls
ohne ihn nach Holland zurückkehren werden. Am darauffolgenden
Morgen haben wir Peet in mehrere Decken gehüllt und dem Wachtmeister, während unsere Gruppe abgezählt wurde, gesagt, dass wir
Peet in die Krankenbaracke gebracht hätten.

Am selben Abend im „Zelt" meinte Peet zu uns: „Geht getrost alle
nach Holland zurück. Der Krieg ist so gut wie vorbei. Aber ich bin
nicht mehr dabei. Heute früh war ich in der Kirche. Die ganze Straße
war voll von singenden, fröhlichen Menschen und Soldaten mit einer
Rose am Gewehrlauf. In der Kirche hat der Herr zu mir gesagt: Deine
Frau und dein Sohn machen es beide gut, aber du musst hier in
Zöschen bleiben."

Ich habe viel erlebt im Lager, aber als ich Peet so reden hörte, kamen mir die Tränen. Am nächsten Morgen war Peet tot. Diese Geschichte habe ich nur zwei- oder dreimal in meinem Leben erzählt.

Wegen Mundraubs totgeschlagen

Eines Tages war ich mit etwa fünfundzwanzig Häftlingen auf Kommando in Leuna. Die Gruppe bestand aus Angehörigen mehrerer Nationalitäten. Als wir am Mittag, gegen eine Mauer gelehnt, eine Pause machen durften und der Wachmeister seine Brotmahlzeit hervornehmen wollte, war der Beutel leer.

„Wer hat mein Brot gestohlen?!" schrie er.

Natürlich machte keiner den Mund auf. Da nahm er sein Gewehr von der Schulter und wies mit seinem Zeigefinger nacheinander auf vier von uns. Darunter war auch ich. Wir mussten uns an die Wand stellen. Dann nahm er sein Gewehr und sagte, während er auf seine Uhr blickte: „Wenn der Täter sich nicht innerhalb von drei Minuten meldet, werde ich diese vier Männer erschießen, und ihr müsst sie heute Abend auf euren Rücken ins Lager schleppen!"

Als er anfing, laut abzuzählen, hörte ich mein Herz schlagen. In der letzten Sekunde vernahm ich den erlösenden Satz:

„Herr Wachmeister, ich habe das Brot gestohlen."

Zu meiner Verwunderung sagte der Wachmeister: „Wir rechnen im Lager ab, darauf kannst du dich verlassen!"

Nachdem das Kommando im Lager abgezählt war, musste der Pole oder Russe, der das Pausenbrot gestohlen hatte, unter Aufsicht eines russischen Wachmannes von einer Ausschachtung Erde mit einer Schubkarre an die Oberfläche bringen. Der Wachmann drehte völlig durch. Er brüllte, bis ihm der Schaum vorm Mund stand, und drosch auf den Häftling ein. Der brach schließlich tot zusammen.

Der größte Sadist im Lager war „Onkel Keesje". Er schlug viele Häftlinge grundlos tot. Nach Kriegsende wurde er auf Anzeige der holländischen Häftlinge durch US-Soldaten verhaftet und von einem holländischen Gericht verurteilt. An jenem Tag war „Onkel Keesje" der Wachführer. Wie immer teilte er links und rechts Schläge aus. Dann sagte er: „Jetzt habe ich für Euch Drecksäcke einen waschechten Pfarrer, der soll für Euch beten und eine Predigt halten, auf Englisch, logisch, er ist'n Engländer und man hat ihn auf den Kanalinseln gekascht."

Der Pfarrer schien schon längere Zeit in Haft zu sein, was wir daran sahen, dass er bereits stark abgemagert war. Ob er den „Onkel Keesje" nicht verstanden hat oder nicht hat verstehen wollen, weiß ich nicht, jedenfalls machte er keinerlei Anstalten, zu einer Predigt anzusetzen. Spornstreichs wurde er von „Onkel Keesje" verprügelt, solange, bis er am Boden lag. Ein oder zwei Tage später sah ich den Pfarrer wieder. Er sagte, es gehe ihm sehr schlecht und seine Beine könnten ihn nicht länger tragen. Als ich am nächsten Tag nach dem Abendappell mit Jupp Dylslag die „Zelte" absuchte, um den Pfarrer zu sprechen, zeigte uns ein Häftling einen Sarg, und als er den Deckel aufhob, erkannten wir den toten Pfarrer.

LAGERARZT, KRANKENZELT UND BEERDIGUNGEN - DER EID DES HIPPOKRATES

Dann gab es auch noch ein Zelt für einen Arzt, einen dicken SS-Mann. Seine Ausrüstung bestand aus einer Pistole und einer Krankenschwester. Untersuchungen an Patienten fanden nicht statt, von der Krankenschwester wurde bei Bedarf lediglich die Körpertemperatur gemessen. Bei mehr als 39^0C war man arbeitsunfähig. Zwei Zelte für Patienten mit ansteckenden Krankheiten waren aufgestellt und ein

Zelt für die Toten, die anfänglich noch nebeneinander aufgebahrt wurden. Später schichtete man sie auf einen Haufen. Um die Häftlinge im Krankenzelt kümmerte sich niemand. Die Wachmannschaft hatte furchtbare Angst vor dem Schild mit der Aufschrift: „Vorsicht! Ansteckende Krankheit".

Im Krankenzelt

Mitte oder Ende September wurde ich krank, hatte hohes Fieber und war völlig kraftlos. Ich wollte mich in unserem Zelt niederlegen, aber ein Wachmann verbot es mir: „Kranke gehören ins Krankenzelt." Also wurde ich dorthin gebracht. Nachdem der Wachmann die kleine Tür hinter mir geschlossen hatte, war es finster in dem Raum. Nach und nach gewöhnten sich meine Augen an die Dunkelheit und nahmen das trübe Licht wahr, das vom Luftloch oben am Dach einfiel. Nun sah ich Unbeschreibliches. Lebende und tote Häftlinge lagen nebeneinander, im Stroh gab es keine einzige trockene Stelle, und überall war Dreck. Gott sei Dank holte mich Jus Dylslag am Abend aus dem Krankenzelt heraus. Wahrscheinlich hat er mir damit das Leben gerettet, denn um die Häftlinge im Krankenzelt kümmerte sich niemand, die waren einfach nur zum Sterben abgelegt. Jeden Abend, beim Appell, wurden sogar die Toten dort herausgezogen, damit beim Abzählen die Anzahl der Häftlinge wieder stimmte. Zwischen den zwei Zeltreihen standen anfänglich mehrere Särge, und es kam immer nur ein Toter in einen Sarg. Später, als - um die Worte von Edda Schaaf zu gebrauchen - „der Tod ein täglicher Gast im Lager war", steckte man zwei Tote in einen Sarg. Die Särge wurden von einem Bauern aus Zöschen mit Pferd und Wagen in die Aue trans-portiert und dort durch ein Beerdigungskommando begraben. Unter Aufsicht eines Wachtmeisters wurden die Särge umgekippt, entleert und wieder mit ins Lager genommen. Später, als es immer mehr Tote gab, wurden sie zuerst in ein Extrazelt gelegt und dann zu mehreren, ohne Sarg, auf dem Pferdewagen in die Aue gebracht.

QUARANTÄNE UND ENTLAUSUNG

Eines Tages hörten wir, dass zwei Wachtmeister schwer erkrankt seien, einer sollte sogar schon gestorben sein. Das ganze Lager wurde nun in Quarantäne gehalten wegen Flecktyphus. In Gruppen gingen wir zur Entlausungsanstalt. Zuerst mussten wir uns nackt ausziehen und dann unsere Kleidung, das heißt, was davon noch übrig geblieben war, auf eiserne Kleiderhaken hängen, die alle nummeriert waren. Dann alles ab in die Duschräume. Mit einem kleinen Stück schlechter Seife versuchten wir, den Schmutz von unseren Körpern loszuwerden. Schließlich hatten wir uns in einen weiteren Raum zu begeben, dem Fenster fehlten. Hinter uns wurde die Tür geschlossen. Knapp über dem Fußboden waren in der Wand mehrere Löcher, durch die etwas durchgeblasen wurde. Wir gerieten in Panik, weil wir glaubten, wir würden vergast. Aber was da austrat, war nur heiße Luft, die uns zum Schwitzen brachte. Die Hitze des Wasserdampfes sollte die Läuse vernichten. Die Methode nützte wenig. Nach einer halben Stunde konnten wir unsere Kleidung wieder anziehen. Während wir ins Lager zurückmarschierten, sah ich, dass schon wieder Läuse über Jupps Kragen liefen.

ES GAB AUCH GUTE DEUTSCHE

Eines Tages musste ich unter Aufsicht eines Wachmannes zu einer Wohnung in Zöschen. Der Wachmann kehrte ins Lager zurück. Ich begann, Türen und Fenster der Wohnung zu bearbeiten, so dass sie wieder schlossen. Die Frau rief mich ins Wohnzimmer und fragte, ob ich etwas trinken und ein Butterbrot essen möchte. Da konnte ich nur antworten:

„Trinken gerne, aber sie dürfen Häftlingen kein Brot geben, das ist verboten."

Die Frau sagte: „Was hier aufgetischt wird, bestimme ich! Setzen Sie sich!"

Ich weigerte mich, der Läuse wegen, mich auf einen Stuhl zu setzen, und aß das Butterbrot und trank die Milch im Stehen. Dabei sah ich, dass auf dem Schornsteinmantel zwei Fotos von Soldaten standen, einer war an der Ostfront gefallen. Darüber haben wir uns noch ein wenig unterhalten können, bevor der Wachmann zurückkehrte und mich ins Lager geleitete.

Ein zweites Erlebnis dieser Art hatte ich in Halle, wo wir nach einem Luftangriff Hilfe leisten mussten. Gemeinsam mit dem Franzosen Giriau war ich angewiesen worden, auf einer Straße ein tiefes Loch weiter auszuschachten, damit Zivilarbeiter die darunter liegenden Rohre reparieren konnten. Wir standen bis zu den Knien im Wasser. Der Wachmann spazierte in der Nähe umher. Auf einmal huschte Giriau blitzschnell an den Rand des Loches und ergriff zwei Butterbrote. Eines reichte er mir und raunte:

„Behalte den Wachmann im Auge, die Frau kommt zurück!"

Tatsächlich brachte sie uns einige Zeit später noch einmal zwei Schnitten. Ob ich zu angestrengt nach dem Brot geschielt habe und zu nachlässig in Richtung des Wachmannes - jedenfalls waren meine Hand und sein Stiefel zur selben Zeit am selben Ort, und der Wachmann befahl die Frau zu sich. Mit seinen Stiefeln trat er das Brot in den Sand.

Er sagte: „Das ist strengstens verboten! Sie geben Verbrechern Brot!"

Die Frau ließ sich jedoch nicht einschüchtern und widersprach.

Da sagte der Wachmann: „Verschwinden sie sofort, oder ich lasse sie verhaften, dann können sie heute Abend gleich mit ins Lager einmarschieren!"

Herr von Capellen stellte einige Fragen an mich: „Warum hat man dich verhaftet, wie lange wird der Krieg noch dauern, wer gewinnt ihn?" und so weiter. Auf meine Bemerkung: „Sie wissen doch genau, dass ich hierüber nicht sprechen darf, ich möchte das Lager gerne lebend verlassen", sagte er: „Vor mir brauchst du keine Angst zu haben, ich bin kein Nazi und von der Partei eher zur Strafe hierher abkommandiert. Der Krieg ist doch längst verloren."

Als ich einen deutschen Häftling fragte, warum er verhaftet worden sei, antwortete er: „Ich bin bei der Feuerwache der Leuna-Werke beschäftigt. Einer meiner Kameraden sagte zu mir: ,Wir werden den Krieg gewinnen, weil wir ihn gewinnen wollen.' Darauf entgegnete ich: ,Genau das wollen die Russen auch!' Da hast du den Grund für meine Verhaftung."

DIE ENTLASSUNG DER HOLLÄNDER AUS DEM LAGER

Während das Gerücht umging, die holländischen Geiseln würden entlassen, sortierte man uns Ende November oder Anfang Dezember in zwei Gruppen und gab uns all unsere Ausweise, eine neue Hose und eine Jacke. In der Schreibstube mussten wir zu Protokoll geben, was von unserem spärlichen Hab und Gut in Spergau verloren gegangen war. Von der Geheimen Staatspolizei in Halle bekamen wir eine Bescheinigung, dass unsere Personalausweise nach Luftangriffen verbrannt seien. Als ich in Erfahrung bringen wollte, ob diese Bescheinigung uns berechtigte, später Anspruch auf Ersatz der verlorenen Privatsachen zu erheben, sagte einer, die Rechnung könne ich, wenn es so weit wäre, meinen Freunden, den Engländern und Amerikanern, vorlegen.

In der Gruppe für Weißenfels waren Jan Hak, Gys van Andel, Jan Grapendaal und Toon de Jong. Diejenigen, die als Zivilarbeiter im

Lager Zöschen blieben, waren Arie Meijdam, Cor Kuiper, die Gebrüder Wim und Theo Burger, Joep van Hest, Cor Nunning, Ab Kleingeld, Jupp Dylslag, ich und noch einige andere. Wir alle bekamen noch einmal die Warnung: „Wenn einer von euch das Maul aufreißt und quatscht, dann war's das letzte Mal!"

Die ehemalige Gaststätte „Zum roten Hirsch". Auf dem geschotterten Gelände stand die Baracke für internierte Zivil-Ausländer.

Nun durften wir unser Zelt im Lager endlich verlassen. Gepäck hatten wir sowieso keines mehr, und so machte uns der Umzug keine Mühe. Wir hausten fortan in einer Baracke auf dem Hinterhof der Gaststätte „Zum roten Hirsch". Hier standen Betten mit Decken. Einen Ofen und einen Waschraum mit Toiletten gab es auch. Wir fühlten uns wie im Paradies. Allerdings entpuppte sich die Verpflegung in dieser Gaststätte als genauso miserabel wie die im Lager, obwohl unsere Lebensmittelmarken bereits an den Gastwirt abgegeben worden waren. Im Gasthof standen auch einige russische Mädchen im Dienst. Dass der Krieg noch nicht zu Ende war, kriegten wir täglich zu spüren. Die Luftangriffe auf Leuna und BUNA häuften sich. Die Eisenbahnflak auf dem Bahnhof von Zöschen wurde von Jabos angegriffen. Mehrere Soldaten kamen dabei ums Leben. Flüchtlinge mit Pferd und Wagen treckten durch den Ort. Die Lebensmittel wurden auch für die Deutschen immer knapper, freilich war in Zöschen davon noch nicht allzu viel zu spüren, weil es hier eine Reihe Bauern gab, die sich genauso selbst versorgten, wie viele städtische Anwohner, die nebenbei Hühner und Schweine hielten. Tagsüber waren wir alle im Lager beschäftigt. Zum Feierabend versuchten wir, Brennholz aus dem Lager mitzunehmen. Wir hatten Winter, und nach wie vor war es bitterkalt - der Teich im Lager war zugefroren. Im Dezember startete das deutsche Heer in Belgien eine Gegenoffensive, die anfangs günstig verlief. Viele der Wachleute im Lager betranken sich und schöpften Zuversicht. Wachmeister Pabst ging eine Wette ein: Eine Flasche Schnaps sollte dem gehören, der den Teich zu Fuß überquert; das Eis sollte stark genug sein, einen Mann zu tragen. Insgeheim frohlockten wir, weil wir hofften, er würde einbrechen. Zu unserem großen Bedauern gewann er die Wette. Kurz vor Weihnachten, eines Abends bei mondhellem Himmel, gab es wieder einmal Luftalarm. Wir sahen mehrere „Christbäume" am Himmel. Beim ersten Bombeneinschlag verkrochen wir uns in einen kleinen Bunker in unmittelbarer Nähe unserer Baracke. Wir hörten viele Detonationen, mal weiter entfernt, mal ganz in unserer Nähe. Erst nach Mitternacht gingen wir ins Bett. Als wir am nächsten Morgen ins Lager kamen, sahen wir, dass eine Baracke völlig zerstört war. Unsere Aufgabe bestand nun darin, gemeinsam mit den Häftlingen die Trümmerhaufen wegzuräumen und die Toten zu bergen.

Kontakt mit der Bevölkerung hatten wir so gut wie gar nicht. Jedoch versuchten wir an den Wochenenden, auf den Bauernhöfen Kartoffeln und anderes Essbares für die Weihnachtstage zu schnorren. Einen großen Marmeladeneimer hatten wir uns im Lager organisiert. Zehn große Karotten ergatterten wir, die wir in Scheiben schnitten und am Ofen trockneten, und eine Flasche dunklen Bieres - das war unser Festessen. Trotz allem machte es uns glücklich. Ansonsten waren wir noch immer chronisch hungrig. Für das wenige Geld, das wir verdienten, konnten wir uns nichts kaufen. Folglich begannen einige zu stehlen. Eines Tages kamen zwei Russen in unsere Baracke und wollten an uns ein Kaninchen verhökern. Als wir genau hinsahen, entdeckten wir, dass das Kaninchen eine Katze war. Auf den Feldern waren von der herbstlichen Ernte her die Kartoffeln eingedeckt mit Stroh und Erde. Dort lief die Zöschener Bevölkerung nachts Wache.

Ein älterer Deutscher drohte: „Wenn ich einen von euch beim Klauen erwische, schlage ich ihn tot, auf der Stelle!"

Trotzdem war der Hunger manchmal größer als die Angst.

Zu Gast bei deutschen Familien in Zöschen

Ich hatte in meiner Freizeit ein Spielzeug gebastelt und auf dem Heimweg zur Baracke einem kleinen Jungen geschenkt. Zwei Tage später stand der Kleine mit seiner Mutter da. Sie bedankte sich und sagte:

„Kommen sie doch heute Abend vorbei, eine Tasse Kaffee trinken, dort wohnen wir."

Wir hatten alle Angst, unsere Freiheit wieder zu verlieren, und gaben uns darum sehr zurückhaltend. Arie Meijdam und Jupp Dylslag hatten in ihrer Freizeit beim Landwirt Zschäpe gearbeitet, wo sie ein Gewächshaus errichteten. Zu diesen Gelegenheiten haben sie meist auch etwas zu Essen bekommen. Das machte mich etwas mutiger. So ging ich auf die Einladung ein und besuchte die Familie Lehmann am Bahnhof. Der Mann war bei der Eisenbahn angestellt. Die Kinder hießen Luise, Anja, Erwin, und der Kleinste war Peter. Später verbrachte ich viele freie Stunden dort. Man hat mich auch gefragt, wie es denn im Lager gewesen wäre. Darauf habe ich bloß geantwortet: „Es ist uns strengstens verboten, darüber zu reden."

Auch der Wachmann Pabst war hin und wieder bei Lehmanns zu Gast. Eines Abends wurde ich ins Zimmer gerufen. Pabst stand auf, machte ein drohendes Gesicht und fragte:

„Frans, du kannst jetzt ganz ehrlich reden, habe ich dich jemals geschlagen?"

„Nein, Herr Wachtmeister", antwortete ich mit besonderer Betonung, „m i c h haben sie noch nie geschlagen."

Da wandte sich Pabst triumphierend um und sagte: „Hörst du's nun? Es ist alles Lüge, alles nur Feindpropaganda, dass wir die Häftlinge schlagen."

Ich war wütend, weil Pabst seine Frage so geschickt gestellt hatte, dass ich beim besten Willen nur mit einem Nein habe antworten können. Auch das war wohl der Grund dafür, dass ich am darauffolgenden Abend Frau Lehmann ins Vertrauen zog und ihr berichtete, wie es sich mit den Zuständen im Lager wirklich verhielt und dass Pabst in der Tat mehrere Häftlinge totgeschlagen hatte. Ich bat sie, sich dem Wachmann gegenüber genauso zu verhalten wie früher, denn bei dem geringsten Verdacht, ich hätte gezinkt, wäre mein Leben keinen Pfifferling mehr wert gewesen.

Im Monat März nahmen die Luftangriffe überhand. Die Familien Lehmann, Zschäpe und Kietz hatten am Teichrand, in Lagernähe, einen Luftschutzbunker gebaut. Gab es abends Luftalarm, gingen wir in diesen Bunker, tagsüber bot uns der Keller im Hauptgebäude des Lagers Schutz. Im Falle des Falles nahm ich den kleinen Peter auf den Arm und trollte mich im Laufschritt zu dem Bunker. Neben den drei deutschen Familien waren dort immer auch Jupp, Arie und Giriau.

Manchmal dauerte es Stunden, bis die Entwarnung kam. Am Ende des Monats März waren Luftangriffe so häufig, dass man nur noch von Daueralarm sprechen konnte.

Unsere Arbeiten innerhalb des Lagers standen unter Aufsicht des Wachmannes Pabst. Uns gegenüber ertönte längst kein Geschrei mehr und kein Geschimpfe, es gab keine Antreiberei und keine Schläge, und wir vermochten, unser Arbeitstempo selbst zu bestimmen. Für die Häftlinge im Lager allerdings hatte sich wenig geändert. Jeden Tag gingen Kommandos nach Leuna, BUNA, Merseburg und Halle ab, wo sie nach den Luftangriffen zu Aufräumungsarbeiten eingesetzt wurden.

Anfang April musste sich Herr Lehmann auf dem Marktplatz von Zöschen beim Volkssturm melden. Lauter Männer, älter als fünfzig Jahre. Herr Lehmann sagte:
„Ich habe keine Lust, mich zu melden, aber wenn ich nicht hingehe, werden sie mich bestrafen."
Ich sagte zum Herrn Lehmann: „Wenn der Westwall die Alliierten nicht aufhalten konnte, dann wird es der Volkssturm von Zöschen auch nicht tun."
Frau Lehmann wollte immer noch nicht wahrhaben, dass der Krieg bald vorbei sein würde. Einige Wochen zuvor hatte der Führer noch versprochen, in der letzten Stunde käme die Wende, dann setzten die Deutschen ihre Geheimwaffe ein.

DAS ENDE DES LAGERS ZÖSCHEN UND DIE BEFREIUNG DURCH DIE US-ARMEE

So ungefähr am 10. April konnten wir die Geschütze deutlich hören. Ein alter Deutscher nahm die Zeit zwischen Abschuss und Aufschlag auf und berechnete auf diese Weise, wie weit die Amerikaner noch entfernt waren. Als wir am 14. April früh ins Lager kamen, ging dort alles durcheinander. Kommandant Winter und Scharführer Reuter stiegen, ganz in Zivil, in ein Auto und türmten. Wir haben nie wieder etwas von ihnen gehört. Als auch wir das Lager verlassen wollten, sagte ein Wachtposten:

„Hast du 'ne Genehmigung, dich dünne zu machen? Ohne Schein läuft nichts!"

Als wir daraufhin tiefer in das Lager hineinliefen, beobachteten wir, dass die Wachtürme alle besetzt waren von Männern mit MG's. In einem Block standen die Häftlinge beieinander und auf dem Appellplatz die russischen Wachmänner, umringt von den deutschen. Bei der Schreibstube waren Wachmänner und Häftlinge fieberhaft damit beschäftigt, Papiere zu verbrennen. Den Wachtmeister Pabst konnten wir nicht mehr auftreiben, wahrscheinlich war auch der schon abgehauen. Nur Herr von Capellen war noch da und hatte sich auf die Suche nach Benzin für sein Moped begeben.

Er sagte: „Du kannst machen, was du willst, ich habe keine Zeit mehr, einen Passierschein zu schreiben. Den Posten vorne gebe ich Bescheid, damit ihr nach Hause könnt."

Auf diese Weise verließen wir das Lager unbehelligt. Giriau begab sich sofort in Richtung der Familie Kietz, während Jupp, Arie und ich zu den Lehmanns gingen.

An die zwei Stunden später sahen wir fast alle Häftlinge, begleitet von deutschen und russischen Wachmännern, abmarschieren. Offensichtlich war man auf dem Weg nach Leipzig. Später hörten wir, dass man jedes Mal nach zwei bis drei Kilometern Marsch einen Teil der Häftlinge laufen ließ. Bei Lehmanns habe ich neben der Scheune ein Loch gegraben, und alle Familiendokumente, die mit Hitler und der NSDAP zu tun hatten, hineingeworfen. Das Hitlerbild habe ich mit einem Spaten restlos zertrümmert. Ein wenig später eilte uns das Gerücht entgegen, dass die Amerikaner solche Ortschaften nicht unter

Beschuss nahmen, an deren Häusern deutlich sichtbar weiße Fahnen befestigt wären.

Zu viert gingen wir dann ins Lager zurück und trafen nur noch wenige Häftlinge in der Krankenbaracke an, dabei saßen einige französische Sanitäter. Giriau fand in einer SS- Baracke ein weißes Laken und wollte es am Hochspannungsmast festmachen. Weiter als zwei bis drei Meter ist er nicht gekommen, denn er wurde von der Mühle her, in Nachbarschaft der Zschäpeschen Wohnung, von Hitlerjungen beschossen. Rasch liefen wir zurück ins Dorf, und beim Friedhof baten uns einige ältere Männer, die weiße Fahne in einer der hohen Pappeln anzubringen. Da erzählten wir, was uns soeben im Lager widerfahren war, und sagten: „Nein, besten Dank, das macht gefälligst alleine!"

Das Geschützfeuer kam näher und näher. So gegen 16:00 Uhr oder 17:00 Uhr waren wir alle wieder im Bunker. Dort kamen zwei deutsche Soldaten vorbei, die um Zivilkleidung bettelten. Wenig später schlugen die ersten Granaten ein, und zwar genau im Teich. Wir nutzten die Gunst der Stunde, zwischendurch die toten Fische aus dem Teich zu ziehen. Am Abend stellte sich heraus, dass man vergessen hatte, Brot und Milch für die kleinen Kinder in den Bunker mitzunehmen. Darum bat man uns herbeizuholen, was fehlte. Giriau und Arie gingen zu Kietz und Jupp und ich zu Lehmanns. Auf dem Rückweg mussten wir uns flachlegen, da wir in Geschützfeuer gerieten. Kaum dass wir in den Bunker zurückgekehrt waren, merkte einer, dass ich blutete. Glücklicherweise war die Wunde nicht schlimm. Hunger spürten wir nicht mehr, nur schlafen wollten wir, denn wir hatten allzu viele Nächte durchwacht. So gegen Mitternacht trat eine Feuerpause ein. Lehmann fragte: „Frans, willst du die Schweine und die Kühe füttern und den Kühen auch Wasser geben? Du kannst im Keller unseres Hofes schlafen, und wenn was passieren sollte, dann

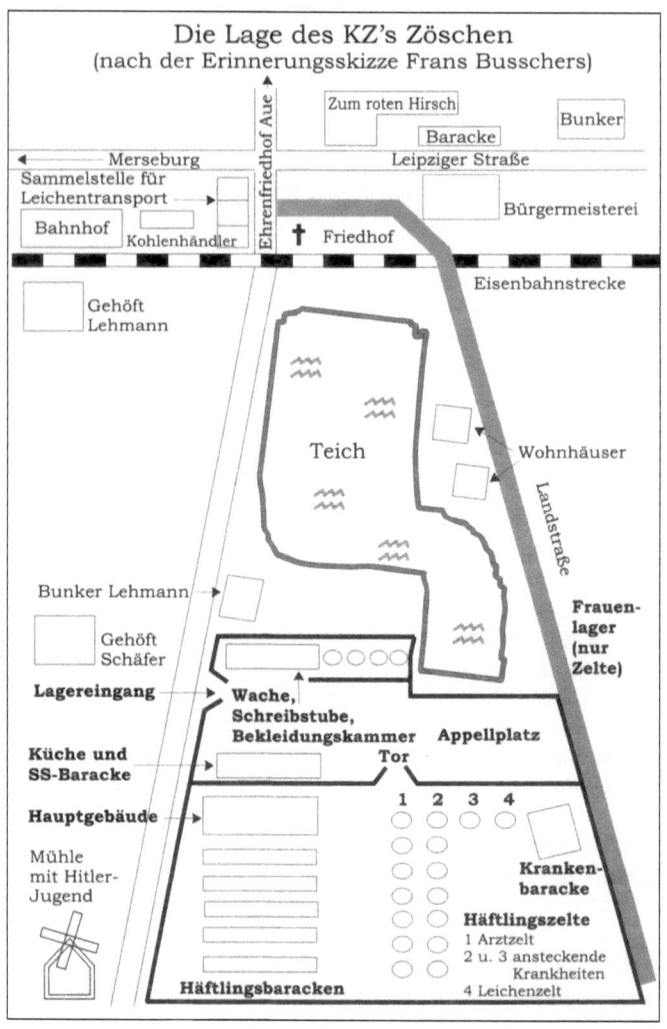

Die Lage des KZ's Zöschen
(nach der Erinnerungsskizze Frans Busschers)

mach die Kühe frei, dass sie nicht krepieren." Jupp, Arie und ich haben dann die Tiere versorgt und uns anschließend im Keller schlafen gelegt.

Am nächsten Morgen, ganz in der Frühe, hörte ich oben an der Kellertreppe jemanden rufen:

„Frans, Frans, bist du noch da, schläfst du noch?"

Wir stiegen hinauf und sahen, dass etliche Fensterscheiben zu Bruch gegangen waren und der Erdboden mit Dachziegeln übersät war. Von alledem hatten wir nichts mitbekommen, während wir schliefen. Dann halfen wir Lehmanns wieder beim Vieh. Noch im selben Augenblick sahen wir den ersten amerikanischen Soldaten.

Er sprach ein bisschen Deutsch und sagte zu mir: „Du bist ein deutscher Soldat in Zivil!"

Ich wiederum habe mit ihm englisch zu reden angefangen und ihm erklärt, was uns in den vergangenen Monaten alles widerfahren war. Er schenkte uns eine Schachtel Zigaretten, deren Inhalt ich an die anderen Holländer austeilte. Zu guter Letzt wollte er wissen, wo das Lager war und ob sich dort noch Häftlinge oder Kranke aufhielten. Kurze Zeit darauf vernahmen wir furchtbaren Lärm. Die ersten Panzer donnerten auf die Hauptstraße. Einige bogen links ab, zum Marktplatz, andere fuhren in Richtung Leipzig weiter. Am Bahnhof waren auch einige Panzer und GI's postiert.

Nun kroch die Bevölkerung Zöschens heraus aus den Kellern und Unterständen. Frau Lehmann inspizierte die Situation am Bahnhof aufs Genaueste und sagte:

„Was diese Amis so alles bei sich haben! - Echten Bohnenkaffee!"

Überall klebten plötzlich Plakate mit dem Aufruf an die Deutschen, die Waffen niederzulegen und sofort abzugeben. Am Abend sind wir zu dritt noch einmal in das Lager gegangen. Der Franzose Giriau war auch dabei. Da hörten wir von den französischen Sanitätern, dass die Amerikaner die Krankenbaracke bereits mit Essen versorgt hätten und am darauffolgenden Tage die Versorgung insgesamt übernehmen wollten. Fotografiert hatten sie auch alles und überall. Wir durchstreiften das Lager und wurden im Frauentrakt von Mädchen angesprochen, die in einem Zelt hockten. Von außen sah dieses Zelt genauso aus wie unseres, aber innen gab es einen Teppich auf dem Fußboden, drei Betten und einen Ofen. Die Mädchen boten uns Zigaretten und Schokolade an, die ihnen die Amerikaner gegeben hatten. Die Mädchen sprachen ein wenig Deutsch und kamen aus Estland oder Litauen. - Wir gingen zurück zum „Roten Hirsch". Hier bekamen wir Besuch von russischen und polnischen Zwangsarbeitern. Sie wollten uns Kartoffeln und eine Büchse mit Fleisch verkaufen. Wie sie uns erklärten, hätten sie die Büchse mit Fleisch aus einem Stollen gestohlen. Wir haben dann in der Tat getauscht, und zwar die Büchse Fleisch gegen eine Schachtel amerikanischer Zigaretten. Die Zwangsarbeiter boten uns auch noch Schnaps an, aber es stellte sich heraus, dass es sich in Wirklichkeit um Spiritus handelte. Meine Warnung, davon nicht zu trinken, schlugen sie in den Wind, und die Flasche ging bei den Russen von Hand zu Hand.

Am ersten Tag der Besetzung brachen die Ausländer in viele Häuser ein und stahlen. Schon am zweiten Tag war das so gut wie vorüber. Im „Roten Hirsch" hatte man jetzt die Militärverwaltung untergebracht sowie Militärpolizisten, alles baumlange Soldaten, die streng gegen jede Form von Plünderung auftraten, ob die nun von Deutschen oder von Ausländern begangen wurden - das war egal.

Am nächsten Morgen wurde ich von einem amerikanischen Soldaten abgeholt und ins Lager mitgenommen. In der Schreibstube fand ich zu meiner Verwunderung noch einen deutschen Zivilisten vor, der mir allerdings völlig unbekannt war. Er sagte:

„Ich verstehe und spreche kein Wort Englisch. Ich bin Halbjude und erst seit drei Wochen hier im Lager."

Der Amerikaner notierte alle Namen, die mir bekannt waren. Dann wollte er wissen, wo diese Männer wohnen. Aber was ich auch fragte,

immer antwortete der Zivilist nur: „Ich weiß es nicht, keine Ahnung!"
Offensichtlich hielt der Amerikaner den Deutschen für einen SS-Mann
in Zivil, denn sämtliche Häftlinge hatten das Lager längst verlassen.
Deshalb befahl er ihm, den Oberkörper freizumachen und die Arme
hochzuheben. Weil ich kein SS-Zeichen entdeckte, haben wir dem
Mann zu guter Letzt doch vertraut.

Kaum war ich zurück in unserer Baracke, da kam Kuiper und
sagte:

„Frans, ich habe einen Wachtmeister gefangen genommen!"
Bei der Vorderseite unserer Baracke, an der Leipziger Straße, sah ich
eine Anzahl ehemaliger Häftlinge, und in ihrer Mitte einen Wachtmeister in Zivil. Der Mann hatte Pech gehabt, denn zwei unserer Kameraden hatten gesehen, wie er mit einem Haufen Diebesgut auf
einem Pferdewagen das Lager verließ. Nun wurde er von unseren
Leuten mit Stockschlägen traktiert. Keiner von uns protestierte oder
zeigte Mitleid. Wir waren so abgestumpft. In den letzten beiden
Wochen vor der Entlassung waren noch vier Holländer gestorben.
Denen gegenüber hatte der Wachtmeister Glück; es kamen zwei US-
Soldaten in einem Jeep vorbei. An der Vorderseite des Jeeps war an
der Stoßstange ein T-Eisen mit einer Einkerbung in Kopfhöhe
befestigt. Die beiden Amerikaner stiegen aus und fragten, was hier
vorgehe. Theo Burger vermochte nur zu sagen:

„Er - SS-Mann..."
Der Wachtmeister umklammerte mit beiden Händen die Stiefel des
Amerikaners und rief:

„Bitte, helfen sie mir! So helfen sie mir doch!"
Ich habe auf Englisch erklärt, dass wir anderen alle ehemalige
Häftlinge des Lagers seien und den Wachtmeister von daher als SS-
Mann kennten. Einer der Soldaten nahm den Wachtmeister mit und
der andere notierte dessen Namen.

Am Mittag, als wir gerade dabei waren, im Marmeladeneimer Kartoffeln zu kochen, kamen erneut zwei us-amerikanische Soldaten in unsere Baracke. Cor Kuiper wurde fotografiert und gewogen - er brachte etwas mehr als sechzig Pfund auf die Waage. Einige Tage später wurde er in ein Krankenhaus bei Leipzig gebracht. Als die Soldaten die Baracke wieder verlassen wollten, bemerkten sie den Marmeladeneimer mit den Kartoffeln und eine Fleischbüchse. Einer der Soldaten nahm den Eimer vom Ofen und kippte alles auf dem Hinterhof aus. Wir guckten entsetzt. Dann gab uns der Soldat aber eine Art Kuchen, Condensated Craft Food, und von diesem Moment an spürten wir keinen Hunger mehr. Wir wurden von den Amerikanern bestens versorgt. Am Nachmittag sind wir noch einmal ins Lager gegangen und haben die Baracken der SS durchsucht. Unsere Holzschuhe tauschten wir gegen Soldatenstiefel und nahmen Rucksäcke und Regenmäntel aus Gummi mit.

Abends kamen wieder zwei MPs, die meinen Namen riefen und mich zur Militärverwaltung in den „Roten Hirsch" mitnahmen. Arie Meijdam kam auch mit. Der Kommandant stellte sich in deutscher Sprache vor. Der Bürgermeister von Zöschen war auch anwesend. Der Kommandant wollte alles hören, was wir im Lager gesehen und erlebt hatten.

Als das Gespräch zu Ende war, fragte der Kommandant den Bürgermeister: „Hast du als Bürgermeister, als Parteimann, das nicht verhindern können?"

Der Bürgermeister antwortete: „Ich hatte keine Ahnung, was im Lager vorging, und von den vielen Toten höre ich heute zum ersten Mal." Da plötzlich sprang Arie wie ein Tiger auf den Bürgermeister los und schlug ihn.

„Verdammter Lügner!" schrie er, „drei- oder viermal die Woche ist der Wagen mit den Leichen an deiner Tür vorbeigekommen, und das fast sieben Monate lang, und du willst nichts gehört und gesehen haben?!"

Schließlich ging der Kommandant dazwischen. Als wir uns zum Abschied nach dem Wachmann vom Vormittag erkundigten, sagte er: „Der ist in Haft."

Noch am selben Abend verabschiedeten wir uns von den Familien Lehmann und Zschäpe. Am nächsten Morgen, am 10. oder 19. April, traten wir bei herrlichem Frühlingswetter die Heimreise an. Noch in Merseburg waren wir mit einem Deutschen zusammen, der mit einem Pferdefuhrwerk schwerkranke russische Männer und Frauen, die sich mit Spiritus beinahe zu Tode getrunken hatten, ins Krankenhaus brachte. Zu Fuß, per Jeep und mit dem Zug ging es von Auffanglager zu Auffanglager. In nahezu allen dieser Lager war das Rote Kreuz zugegen. Am 14. Mai 1945 kamen wir todmüde im Auffanglager Valkenburg, in Holland, an. Der Arzt sagte uns, wenn ihr zu Hause seid, geht sofort zum Arzt. Er hatte mit dem Abdruck seines Daumens an unseren Beinen Grübchen hinterlassen. Am 19. Mai war ich wieder zu Hause. Später habe ich versucht, der Familie Lehmann zu schreiben. Ich bekam den Brief zurück mit dem Vermerk „Zurück - Briefsperre". Erst nach 47 Jahren, beim ersten Besuch in Zöschen, konnte ich diesen Brief, den ich aufbewahrt hatte, der Tochter Helga überreichen.

ZWÖLF FRAGEN AN FRANS BUSSCHERS

1. Wie viele holländische Häftlinge haben das Lager aufgebaut?

Anfänglich waren im Lager Zöschen etwa fünfzig holländische Häftlinge, die das Lager aufbauten. In der Zeit vom 7. bis 18. August 1944 fuhren sie täglich mit dem Zug von Schkopau nach Zöschen und zurück. Als die ersten Betonbaracken fertig waren, kamen viele Häftlinge aus fast allen von den Deutschen besetzten Ländern.

2. Wie viele lange Baracken standen in Zöschen und wie viele Häftlinge wohnten in einer solchen?

Auf meiner Zeichnung vom Lager Zöschen stehen vier lange Baracken. Es können aber auch fünf oder sechs gewesen sein. Nach dem

*Frans Busschers
bei einem seiner Besuche in Zöschen*

Abendappell suchten wir alle unsere Zelte auf und blieben dort, weil wir weder Lust noch Kraft hatten, im Lager herumzuspazieren, so dass ich die Zahl nur schätzen kann. Ich habe niemals in einer der Baracken geschlafen. Ich schätze, dass zweihundert bis zweihundertfünfzig Häftlinge jeweils in einer Baracke lebten.

3. Wann kamen die Geiseln aus Nietleben nach Zöschen?

Mitte September 1944 kamen achtzig bis neunzig holländische Geiseln in Zivilkleidung mit Nummern aus Nietleben nach Zöschen. Nach etwa vierzehn Tagen sind sie wieder abtransportiert worden zum Flugplatz Schafstädt. Sie waren froh, das Lager Zöschen wieder verlassen zu können.

4. Welche Räume befanden sich im Hauptgebäude?

Das Hauptgebäude war nur für die Wachmänner da. Küche, Schlafräume, Essraum, Schreibstube usw. Bis Ende November waren alle holländischen Geiseln noch in Zelten untergebracht. Am Kriegsende gab es im Frauenlager noch immer nur Zelte. Weil Ende November und Anfang Dezember immer weniger Häftlinge ins Lager kamen, sind die Zelte im Männerlager um diese Zeit abgebrochen worden.

5. Wann wurden die holländischen Geiseln entlassen, damit sie als freie Arbeiter weiterhin tätig sein konnten?

Alle holländischen Geiseln wurden Ende November, Anfang Dezember entlassen. Nur eine kleine Gruppe von Holländern blieb im Lager. Zu dieser Zeit waren von unserer Gruppe (ursprünglich fünfzig Häftlinge) noch vierundzwanzig Personen am Leben. Alle anderen waren verstorben. Ich schätze, dass etwa fünfzehn Personen als freie Arbeiter zu Otto Schweigel nach Weißenfels gegangen und neun in Zöschen geblieben sind, um dort als freie Arbeiter im Lager tätig zu werden.

6. Wann gab es die umfangreichsten Häftlingstransporte?

Die meisten Neuankömmlinge langten im September 1944 im Lager an. Entlassungen gab es manchmal mehr und manchmal weniger in der Woche. Die Häftlinge, die neu eintrafen, kamen fast immer in Gruppen ins Lager und wurden nach Beendigung ihrer Haftzeit auch wieder in Gruppen entlassen.

7. Bestand beim Zählappell eine Ordnung nach Nationalitäten?

Beim Zählappell, am Abend, gab es keine bestimmte Ordnung. Meiner Meinung nach standen die Vertreter der einzelnen Nationen gemischt durcheinander und mussten nicht separat antreten. Die Verlesung der Nummern jener Häftlinge, die zu entlassen waren, fand beim Morgenappell statt.

8. Durften die Häftlinge in ihrer Freizeit miteinander sprechen?

Nach dem Abendappell konnten wir, wenn wir wollten, frei im Lager herumlaufen und mit anderen Häftlingen sprechen. Wir haben aber auch in der Freizeit dafür gesorgt, dass wir nicht in die Nähe der Wachtmeister kamen. Auch an Sonntagen durften die Häftlinge

Der Bahnhof Zöschen (im Zustand um 1995) mit jener berüchtigten Rampe (im Hintergrund), von der aus die E.-Häftlinge in die Güterwagen verfrachtet und zu den Außenkommandos gekarrt wurden.

das Lager nicht verlassen. Im Turnus war nur ein Sonntag frei, der darauffolgende galt dann wieder als Arbeitstag.

9. Wie viel Prozent der Häftlinge waren Holländer und wie groß war die Anzahl der deutschen Häftlinge?

Im Lager sind im Zeitraum von siebeneinhalb Monaten etwa fünfhundert Menschen gestorben, davon einhundertfünfzig Holländer. Man kann also vorsichtig sagen, dass etwa dreißig Prozent der Häftlinge Holländer gewesen sind. Die Anzahl der deutschen Häftlinge war sehr gering. Meiner Meinung nach etwa nur fünf bis zehn Personen.

10. Was für Arbeiten hatte das Kommando Leuna im Werk durchzuführen?

Nach den Luftangriffen waren von den Häftlingen im Leuna-Werk die Straßen von den Trümmern freizuschaufeln, zerstörte Stahlrohe zu entfernen, Bombentrichter aufzufüllen und Blindgänger freizuschaufeln. Die E.-Kompanien waren geschlossen und getrennt von anderen Arbeitern eingesetzt. Dennoch mussten die Wachmänner die Häftlinge im Auge behalten, um jeden Kontakt mit Fremden zu unterbinden. Die Wachmänner hatten auf ein schnelles Arbeitstempo zu drängen. Auch im Werk wurden Häftlinge von den Wachleuten geschlagen. Ich habe nicht selbst gesehen, dass im Werk ein Häftling totgeschlagen wurde, aber ich habe mehrfach beobachtet, dass am Abend bei Rückkehr des Kommandos Häftlinge, die nicht mehr in der Lage waren, sich aus eigener Kraft fortzubewegen, auf den Schultern ihrer Kameraden ins Lager getragen wurden. Da es abends im Herbst und im Winter schon zeitig dunkel war, ließ sich nicht immer mit Bestimmtheit feststellen, ob sie tot oder verletzt waren.

11. Wie wurde der Abendappell abgehalten?

Beim Abendappell wurden tote oder schwerverletzte Häftlinge auf dem Appellplatz niedergelegt. Auf jeden Fall musste die Zahl der Heimkehrer mit der Zahl derer, die am Morgen ausgerückt waren, übereinstimmen. Fünfundneunzig Prozent der Häftlinge verstanden kein Deutsch. So war der Nummernaufruf nur mittels Dolmetschern möglich. Was Wunder, dass der Abendappell manchmal Stunden dauerte. Während dieses Appells mussten auch die deutschen Wachleute anwesend sein und durften erst nach seinem Abschluss in ihre Unterkünfte wegtreten.

12. Auf welche Weise wurde bei Häftlingen der Tod festgestellt und wie fanden die Begräbnisse statt?

Die meisten starben im Krankenzelt. Den Tod stellte der Sanitäter bei seinem allmorgendlichen Routinerundgang fest und machte in der Verwaltungsbaracke Meldung. Dort listete der Karteiführer die Todesfälle auf und ermittelte mit Hilfe der Erkennungsnummer den Namen des Toten. In der Verwaltungsbaracke wurden auch die Totenscheine ausgestellt, die vom Lagerarzt, meist ohne Untersuchung der

Toten, unterschrieben wurden. Diejenigen, die während der Arbeit verstorben waren, mussten, wie gesagt, von den Arbeitskommandos wieder zurück ins Lager getragen werden. Alle Toten eines Tages wurden beim Abendappell nebeneinander gelegt, damit die Gesamtzahl der Belegschaft leichter überprüft werden konnte.

Chris Willemsen aus Eindhoven war gemeinsam mit drei anderen Häftlingen als Totengräber eingeteilt. Sie hatten jeden Tag die Särge herauszustellen. Manchmal starben zwei, drei oder mehr Häftlinge zugleich. Es gab Tage, an denen die Totengräber ihre Arbeit kaum schafften.

Jaap Eskamp mit seinen Kameraden, aufgenommen im Mai 1945 am Eingang der Waffenmeisterschule in der Geusaer Straße zu Merseburg. Diese Männer haben den Schrecken des Lagers überlebt. Obere Reihe von links: Unbekannt, Jaap Epskamp (x)[1], Henke van Etten[1], Cor Commandeur[1], Cees Dekker[1]. Mittlere Reihe von links: Henk v. d. Mey[1], Jaap v. d. Mey[1], unbekannt, unbekannt, Jaap Koppelaar[2], Jan v. d. Mey[1]. Untere Reihe von links: Aat Dors[1], Dirk Impijn[1], Job Groot[3], Jaap Vos[4].
LEGENDE: [1]festgenommen am 16. April 1944 in Beverwijk, [2]festgenommwen in Sliedrecht, [3]festgenommen in Groningen, [4]unbekannter Festnahmeort.

Dass die Bestattungsarbeit bei Dunkelheit vor sich ging, ist nicht anzunehmen. Ein Bauer mit Leiterwagen fuhr mit den vier Totengräbern zum Auefriedhof. Im eiskalten Januar 1945 muss dort die Begräbnisarbeit wegen des tief gefrorenen Bodens Stunden über Stunden gedauert haben.

GEFANGEN IM SCHAFSTALL - JOOP EPSKAMP ERINNERT SICH AM 26. JUNI 1996

UNTERKUNFT UND ARBEITEN AUF DEM FLUGPLATZ IN SCHAFSTÄDT

Anfang oder Mitte Oktober 1944 wurden wir mit hundert Holländern per Zug vom Hauptlager Zöschen nach Schafstädt gebracht. Wir kamen bei einem verlassenen Schafstall an, der an einem Weg am Rande des Flugplatzes stand und erst noch bewohnbar gemacht werden musste. Am ersten Tag begannen wir notgedrungenermaßen, die Seitenwand mit Holz zu verschließen. Dann wurden auf Lastwagen eiserne Doppelbetten, Decken und Matratzen angefahren. Abends standen zwar die Betten, aber die Seitenwand war noch nicht geschlossen. In jenem Oktober gab es bereits Nachtfrost. Müde, hungrig und verfroren sind wir am ersten Abend eingeschlafen. Am nächsten Morgen ging der größte Teil der Häftlinge auf den Flugplatz, um dort zu arbeiten. Zehn bis fünfzehn Mann blieben im Stall, um die Küche zu bauen, den Stacheldrahtzaun zu ziehen, die Latrine zu richten und Schornsteine für zwei Öfen hochzuziehen. Der Boden um den Schafstall war sehr feucht. Wir standen bis zu den Knöcheln im Wasser. Ein Lastwagen brachte Schotter, mit dem wir den Boden begehbar zu machen versuchten. Als die Küche fertig war, verbesserte sich das Essen ein wenig, aber wir bekamen nicht viel. Wenn die Häftlinge abends zurückkehrten, müde, hungrig, durchnässt und verdreckt, kriegten sie nur den Topf mit Suppe, in dem mehr Wasser schwamm als alles andere, und ein Stück Brot. Die meisten aßen mit der Suppe auch gleich das Brot, damit es nicht gestohlen werden konnte. Der Hunger verwandelte viele der Menschen. Eine Waschgelegenheit gab es nicht. Das Wasser wurde mit einem Tankwagen herangekarrt und war hauptsächlich für die Küche bestimmt. So gingen wir Häftlinge gezwungenermaßen in schmutzigen Kleidern zu

Die unter Bäumen versteckten Ruinen des Schafstalls auf dem ehemaligen Flugplatzgelände Schafstädt-Obhausen.

Bett. Wir besaßen nur die Kleidung, die wir am Körper trugen. Die Koffer mit unseren übrigen Habseligkeiten waren in Zöschen geblieben. Nach zwei oder drei Wochen wurden die ersten krank. Nach drei oder vier Wochen hatte es so viele erwischt, dass aus Zöschen noch einmal hundert Mann zur Verstärkung hinzugezogen werden mussten. Darunter waren auch weitere Holländer, vor allem aber Polen, Russen, Italiener und welche vom Balkan. Allesamt mussten sie im Schafstall untergebracht werden. Also erhöhten wir die Betten. Beiderseits eines engen Korridors standen nun drei bis vier Betten übereinander. Abends wurden die Türen verschlossen. Wer Durchfall hatte, konnte dann nicht zur Latrine. Das alles hatte zur Folge, dass die Luft sich in der Nacht so sehr verschlechterte, dass sie sich kaum noch atmen ließ. Überhaupt gerieten wir mehr und mehr in schreckliche Zustände. Matratzen, Decken, Kleidung - alles verrottete.

In der zweiten Woche des Novembers, nachdem einige der unseren bereits gestorben waren, schickte man uns plötzlich einen Arzt von

```
┌─────────────────────────────────────────────────────────────┐
│        Der Plan des Schafstalls am Flugplatz Obhausen         │
├─────────────────────────────────────────────────────────────┤
│  Straat van Schafstädt-Querfurt (Straße von Schafstädt nach Querfurt) │
│  ▬▬ ▬▬ ▬▬ ▬▬ ▬▬ ▬▬ ▬▬ ▬▬ ▬▬ ▬▬ ▬▬ ▬▬ ▬▬        │
│              Spoorlijn (Eisenbahnstrecke)                     │
└─────────────────────────────────────────────────────────────┘
```

Afd. Zie-ken (Abt. für Kran-ke)	Kachel (Ofen) Kachel (Ofen) Afd. voor slapen (Abt. Zum Schlafen)	Slaapbarak vor Bewakers (Schlafbaracke für die Bewachung)

Latrine gegraven kuil van 3 x 1 m und 1,5 m diep (Latrine, ein gegrabenes Loch von 3 x 1 m und 1,5 m tief))

Keuken (Küche)

Prikkeldraat (Stacheldraht)

Vliegveld (Flugplatz)

Nach einer Erinnerngsskizze von Jaap Epskamp („Situatie zo als ik denk dat het geweest is" - „Situation, so wie ich denke, dass sie gewesen ist")

der Luftwaffe, der die Kranken untersuchen sollte. Dieser Arzt war offensichtlich erschrocken über die Zustände, die hier herrschten. Daraufhin mussten sich alle Kranken bei ihm melden. Sie hatten offene Wunden an Händen und Beinen. Viele litten wegen eines Hunger-Ödems an geschwollenen Beinen und Blut im Stuhl. Ich selbst wurde abkommandiert, um dem Arzt zu helfen. Zum Verbinden gab es nur Toilettenpapier und zum Desinfizieren nur Kaliumpermanganat. Von unserer Gruppe waren etwa fünfunddreißig Mann beim Arzt. Kaum dass der die Bettlägerigen betrachtet hatte, sagte er zum Hauptscharführer und Lagerleiter:

„Wenn sich für diese Menschen die Zustände nicht rapide ändern, komme ich nicht wieder hier her."

Einige Tage später tauchte der Kommandant aus Zöschen auf. Was von den ersten hundert Holländern noch übrig war, musste antreten. Ich stand direkt neben dem Hauptscharführer Rudolf Barthold. Nachdem der Kommandant uns gemustert hatte, sagte er zu Barthold: „Die Holländer müssen freigelassen werden, sonst sterben die uns alle weg!"

Nicht lange danach wurde etwa die Hälfte der Häftlinge in ein Krankenrevier in Ammendorf bei Halle gebracht. Dennoch starben viele Häftlinge an Unterernährung, Krankheiten und Schlägen. Manche der Häftlinge waren an dem einen Tag noch völlig in Ordnung, bekamen am Tag darauf einen Schleier vor die Augen, und weitere ein bis zwei Tage später waren sie tot. Manche riefen in ihrer letzten Stunde nach Vater und Mutter.

ENTLASSUNG AUS DEM KRANKENREVIER AMMENDORF -
FREIER ARBEITER BEI PAUL GEHEB IN MERSEBURG, ÖLGRUBE

Am 26. November 1944 bin ich mit der letzten Gruppe von Holländern aus Schafstädt im Lager Ammendorf angekommen. Zwar gab es in diesem Revier auch SS-Bewachung, aber wir brauchten nicht mehr zu arbeiten. Dazu waren die meisten unter uns auch nicht mehr in der Lage, weswegen sie gleich im Bett liegen blieben. Am 1. Dezember, morgens früh, wurden wir zum SS-Arzt bestellt. Der hatte zu untersuchen, ob wir wieder arbeitsfähig waren. Wer drei tiefe Kniebeugen machen konnte, galt als arbeitsfähig und durfte als so genannter freier Arbeiter tätig werden. Noch im Laufe des Vormittags reisten wir ab, fuhren in einem Güterzug mit und kamen im Dunkeln in Zöschen an. Am Tor stand ein SS-Mann, der Lagerführer Wilhelm Winter. Er fragte uns, ob wir alle gesund wären. Zwanzig Mann riefen wie aus einer Kehle: „Jawohl, Herr Lagerführer!" Von da an mussten wir wieder in unseren runden Unterkünften ohne Heizung schlafen. Wir haben sehr gefroren. Am nächsten Tag bekamen wir unsere Koffer ausgehändigt. Noch einen Tag und eine Nacht frieren, dachten wir, um dann am Sonnabend im Zug mit der Gruppe nach Merseburg zu fahren. Vorher hatten wir in der Schreibstube unsere Personalausweise und etwas Geld erhalten. Wenn ich mich recht erinnere, bekamen wir etwa 60 Reichsmark. Dann mussten wir noch ein Papier unterschreiben, mit dem wir uns verpflichteten, keinem Dritten gegenüber von den Umständen unserer Gefangenschaft zu berichten.

Auf dem Arbeitsamt in Merseburg wurden wir verteilt. Die meisten schickte man nach BUNA. Mich verpflichtete man an Paul Geheb in der Ölgrube, wo ich als Elektriker arbeiten sollte. Dort bekam ich ein Zimmer mit Schrank, Doppelbett, Bettwäsche und Decken. Ich glaubte, meinen Augen nicht trauen zu dürfen, denn seit dem 16. April 1944 hatte ich dergleichen nicht mehr gesehen. Paul Geheb sah, dass ich erstaunt war und sagte dann:

„Ich hole noch einen anderen Kameraden für dich."

Eine Viertelstunde später kam er mit Wibo Marion vom Arbeitsamt. Wir beide waren sehr froh, nicht alleine zu sein. Nachdem wir etwas zu Essen bekommen hatten, sind wir ins Bett gekrochen mit dem Gedanken:

„Morgen ist Sonntag, und dann suchen wir uns eine Kirche…"

Ich denke, es war ungefähr 16:00 Uhr, als wir uns niederlegten. Als wir wieder aufwachten, war es bereits Sonntagabend. Am Tag darauf wurden wir von Paul Geheb mitgenommen in Richtung Krankenhaus und Königsmühle. Da lag auf einem Berg ein Friedhof, und unter dem Friedhof waren durch Kriegsgefangene Stollen gegraben worden zum Schutz gegen Luftangriffe. Dort drinnen mussten wir elektrisches Licht anbringen, das war Arbeit für einige Tage.

Joop Epskamp ist dann vom 16. Dezember 1944 bis zum 27. Januar 1945 noch im Krankenhaus Bad Dürrenberg gewesen. Danach hat er in einer Maschinenfabrik gegenüber dem Bahnhof gearbeitet. Nach der Besetzung von Merseburg durch die Amerikaner hat er kurze Zeit in der Waffenmeister-Schule, Geusaer Straße, gewohnt.

1. Wann kamen sie in Zöschen an?

Wir sind, wenn ich mich recht erinnere, am 27. Juli 1944 mit hundert Mann von den BUNA-Werken aus nach Nietleben gebracht worden. Da sind an einem Sonntag zwei Häftlinge geflohen. Einer war aus Eindhoven und der andere war ein Hermann Klaver aus Amsterdam. Mit achtundneunzig Mann sind wir Mitte September nach Zöschen gebracht worden.

2. Was für eine Kleidung trugen die Häftlinge?

Die meisten eine graue Jacke und eine ebensolche Hose. Einige besaßen auch noch ihre eigene Zivilkleidung. Alle hatten wir ein gelbes E auf unseren Jacken. Die Gefangenen, die graue Kleidung trugen, kamen zumeist aus Osteuropa.

3. Was können sie zum Lagerpersonal sagen?

Unter dem gab es auch Ukrainer, die in den deutschen Dienst getreten waren. Ich war nicht lange in Zöschen, aber ein SS-Mann hat sich mir besonders eingeprägt. Wir nannten ihn den lachenden Tod. Von ihm habe ich beim Zementholen für den neuen Block mehrere Schläge mit dem Gummistock bekommen, weil es ihm nicht schnell genug ging. Diejenigen, die zufällig bei ihm in der Nähe standen, bekamen Schläge ab. Seinen Namen weiß ich nicht.

4. Was können sie über die Schreibstube berichten?

Es gab Gefangene, die in der Schreibstube arbeiteten, weil sie die deutsche Sprache gut beherrschten. Ich glaube, dass Rudolf Barthold die Aufsicht in der Schreibstube hatte. Unsere Personalausweise waren uns bereits am 16. April 1944 abgenommen worden. Meine Papiere habe ich erst am 3. Dezember 1944 in Zöschen zurückerhalten, weil ich von diesem Tag an als freier Arbeiter galt.

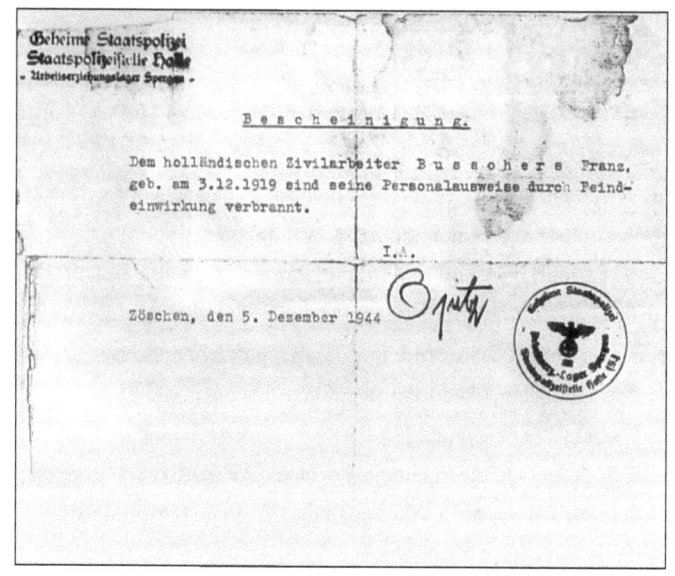

*Die im Gespräch erwähnte Bescheinigung der Gestapo Halle
über den Verlust des Personalausweises.*

5. Was wissen sie von den Außenkommandos?

Die Kommandos wurden morgens zusammengestellt und kamen abends zurück. Ich habe in Zöschen nur im Lager gearbeitet.

6. Wurde im Lager geschlagen?

Jeden Tag, aber man war so sehr damit beschäftigt, selber keine Schläge einzustecken, dass man andere in dieser Hinsicht kaum beobachtet hat. Nur wenn man selbst geschlagen wurde, behielt man das in der Erinnerung. Alle SS-Leute haben 'mal geschlagen. Leider gab es auch ausgesprochene Sadisten unter denen, die immer einen Grund suchten, ihre Macht an wehrlosen und schwachen Menschen auszutoben. Diese Leute hatten meistens schnell einen Spitznamen weg. Wie „Der lachende Tod" oder „Der Giftfrosch".

Die Barackensiedlung des Lagers Korbetha nahe der BUNA-Werke, in deren Block Nr. 19 im August 1944 die holländischen Häftlinge unterge- bracht waren und von wo sie nach Zöschen verfrachtet worden sind.

7. Gab es Todesfälle im Lager?

Ganz sicher weiß ich von einem Holländer, der zu Tode gekom- men ist, kenne aber seinen Namen nicht. Ich war mit Aat Dors aus Beverwijk beim Eisenflechten, und er sagte zu mir: „Das ist einer aus Beverwijk, aus der ersten Gruppe." Das war der erste von vielen Toten. Die letzten vier oder fünf Tage, die ich in Zöschen zubrachte, passierte es täglich, dass jemand starb.

8. Was können sie zum Lagerführer Wilhelm Winter sagen?

Den Lagerführer habe ich zweimal gesehen. Zum ersten Mal in Schafstädt, ein zweites Mal im Dezember 1944, als wir aus dem Kran- kenrevier in Ammendorf nach Zöschen zurückkamen. Nach meiner Einschätzung war er ganz und gar Militär. Das war Rudolf Barthold auch, aber er konnte jemanden ganz schlimm prügeln, so dass der Betreffende unter der Folter Vergehen gestand, die er gar nicht begangen hatte.

1. Wo genau stand der Schafstall, in dem die Häftlinge wohnten?

Am Rande eines Flugplatzes, und der lag an der Straße von Schaf-
städt nach Querfurt. Zwischen dem Flugplatz und der Straße verliefen
Schienen, darauf fuhren Waggons mit Steinschotter, mit dem die
Landebahnen aufgefüllt wurden.

2. Wer waren die Wächter?

Es gab zwei SS-Leute: den Lagerführer Wilhelm Winter und, als
seinen Stellvertreter, einen Scharführer Rudolf Barthold, der viele Häftlinge geschlagen hat. Wächter waren etwa fünfzehn Litauer, die blau-
graue Uniformen trugen.

3. Sie sagen, die Häftlinge wurden geschlagen?

Ja, es wurde viel geschlagen, und daran beteiligte sich nicht alleine
der Scharführer, sondern alle Männer der Organisation Todt[1], die die
Arbeit beaufsichtigten, machten da mit. Ich selber habe das nicht gesehen, aber die Kranken und Verwundeten, denen ich im Schafstall
als Sanitäter helfen musste, erzählten davon. Außerdem ließ sich das
unschwer erkennen an den besonderen Wunden und den vielen blau-
en Flecken am Körper.

4. Was waren die Todesursachen?

Unterernährung, Hunger-Ödem, mangelnde Hygiene, Blut-
durchfall.

5. Wo wurden die Holländer beerdigt?

Die Holländer wurden auf dem großen Friedhof von Schafstädt
beerdigt. Der Mitgefangene Frans Kolf aus Ijmuiden hat sie begraben müssen. Im vergangenen Jahr, also 1995, bin ich gemeinsam mit

---

Anm. zu S. 83: [1] *O. T, d. i. Organisation Todt. Im Mai 1938 gegründete
und nach ihrem Führer benannte Bauorganisation für militärische Zwecke
(u. a. Westwall und Atlantikwall).*

An dieser Mauer auf dem Alten Friedhof zu Schafstädt, unter der Baumgruppe, sollen laut Epskamp die Toten beerdigt worden sein.

ihm noch einmal auf dem Friedhof gewesen, und er hat mir den Platz gezeigt, wo er die Toten verscharrt hat. Frans Kolf ist im August 1995 gestorben.

6. Wie wurden die Toten identifiziert?

Alle Gefangenen hatten eine runde Blechmarke von ca. zwei Zentimetern Durchmesser, auf der die Gefangenennummer stand. Sie wurde um den Hals getragen und nach dem Tod dem Lagerführer übergeben. Dafür war wahrscheinlich Bertus Juckers verantwortlich. Bertus war der Kontaktmann zwischen den Gefangenen und dem Lagerführer. Bertus ist in Ammendorf gestorben. Ich selbst legte die Toten in einen Sarg, aber zur Beerdigung bin ich nie mitgewesen. Als es eines Tages nicht mehr genügend Holz gab, wurden die Toten ohne Sarg ins Grab gelegt. Die leeren Särge wurden dann zurückgenommen, um darin die nächsten Leichen zu transportieren.

Aus dem Tagebuch von Herman Poelma

In Begleitung eines SS-Mannes vom Krankenhaus Halle-Dölau zum Lager Zöschen

Kommt ein SS-Mann mit einem Gewehr auf der Schulter und mit einem Revolver in der Tasche am Gürtel die breite Treppe in die oberen Säle herauf gelaufen. Sobald er in die geräumige Halle tritt, höre ich ihn schon schreien:

„Wo ist der Holländer?"

Ich weiß schon, wer gemeint ist, es gibt nur einen Häftling, und der bin ich. Schnell verabschiede ich mich von meinen Freunden. Als ich in die Halle komme, sehe ich den Kerl dort stehen. Ich kenne ihn nicht. Der Totenkopf über dem Mützenschirm lässt mich er-schauern. Unwirsch ruft mir der Kerl zu:

„Tempo, Mann, anziehen, los, los!"

Das bringt mich ganz aus der Fassung. Wie der Blitz renne ich in meinen Saal und werfe mich in Hosen und Overall. Ich bekomme überhaupt keine Gelegenheit, mich von den Krankenschwestern zu verabschieden. Neugierig starren mir die Patienten aus den Obersälen nach, während ich mit dem SS-Mann die Treppe hinabsteige. Als wir ins Freie gelangen, empfängt uns ein weiterer SS-Mann, und zwischen den beiden gehe ich jetzt wie ein Verbrecher durch die große Stadt Halle.

„Du willst nicht arbeiten, was?"

Ich antworte nicht, ich weiß nicht, was ich darauf sagen soll, besser, ich bin vorsichtig. Wir gehen eine ganze Strecke durch die Stadt, bis wir an ein anderes Krankenhaus gelangen. Dort tritt der zweite SS-Mann in das Gebäude und kommt ein wenig später mit jemandem heraus. Wie erstaunt bin ich zu sehen, dass es sich um einen meiner Mithäftlinge handelt. Es freut mich, wieder einen Bekannten um mich zu haben, es ist Sander Rietveld von den Sliedrechtern, ich verstehe aber nicht, weshalb sie diesen Jungen hier wegholen. Als er nahe genug an mich herangekommen ist, erkenne ich, dass Sander noch lange nicht wieder gesund sein kann. Seine Gesichtsfarbe ist weiß, seine Augen blicken matt und am schlimmsten ist, dass er überhaupt noch nicht laufen kann. Überall an seinen Beinen finden sich offene Stellen und Wunden, und er ist wohl auch von Wunden geschlagen, die man nicht sieht und die vom Heimweh herrühren.

Nichts als Elend - Ankunft im E.-Lager

Gegend Abend müssen wir bei einem kleinen Bahnhof aussteigen. Auf dem Schild am Bahnhofsgebäude steht in Blockbuchstaben der Name Zöschen. Wir müssen noch etwa zehn Minuten marschieren, und dann sehen wir auch schon, wohin wir geraten. Es ist das SS-Lager Zöschen, abgezäunt mit Stacheldraht. Mut und Energie entschwinden uns aufs Neue. Als wir durch das Tor kommen, sehen wir sofort, dass die Behandlung hier noch viel schlechter ist als in Nietleben. In langen Reihen hintereinander, mit breiten Straßen dazwischen, hat man hier Betonsilos bauen lassen, wie man sie sonst wohl bei den Bauernhöfen sieht, allerdings tragen die hier ein Dach. Diese Silos sind als Unterkünfte für die Häftlinge und Verbrecher vorgesehen. Durch ein Loch in der Wand kann man hineinkriechen, wenn man Glück hat, kann man auf dem Stroh schlafen, das in jedem Silo ausgebreitet ist. Licht gibt es nicht, man muss sich im Dunkeln und in der Finsternis zu helfen wissen. Seitab hat man im Boden ein Loch ausgehoben und darüber von beiden Seiten ein Paar Kreuzlatten gelegt, die durch Querbalken miteinander verbunden sind. Das ist das öffentliche Klo.

Es ist halb sieben. Es dämmert schon eine Zeitlang. Sander und ich stehen auf dem Appellplatz und harren der Dinge, die da kommen werden. Etwa fünf Minuten später sehen wir die ersten Kolonnen hereinmarschieren, in Dreierreihen nebeneinander, von kreischenden und fluchenden SS-Männern umringt. Russen, Polen, Italiener, Franzosen, Belgier, Slawen, Serben usw. Viele fremde Nationalitäten in einem Pulk, kahlgeschoren, nummeriert, in Sträflingskleidung mit dem bekannten Buchstaben E auf dem Rücken. Hunderte und Aberhunderte kommen durch das Stacheldrahttor herein. Zwischen all diesen Fremden entdecke ich jetzt auch meine Kollegen aus Nietleben; verdreckt, manche sogar kohlrabenschwarz im Gesicht, marschieren sie nahe an uns heran. Ich frage sie einiges, und sie erzählen mir, dass es hier nicht zum besten ist. In langen Reihen neben- und hintereinander sollen sie sich nun für Kontrollen aufstellen, und das geht nicht immer flott genug. Darum werden sie von den Kalfaktern mit Stockschlägen und Tritten gegen die Beine an ihre Plätze getrieben.

Ich erinnere mich noch an zwei dieser kleinen Schinderknechte, zwei dreizehn- oder vierzehnjährige deutsche Burschen aus der Hitlerjugend. Auch die waren im Lager, um eine Strafe abzusitzen, aber ihres arischen Stammbaums wegen, wurde ihnen die ehrenhafte Aufgabe zuteil, als Schläger in Erscheinung zu treten, und vor denen musste man auf der Hut sein. Sie droschen auch 'mal mitten ins Gesicht. Nichts als Elend.

Nach dem Appell sollten Sander und ich noch einmal in die SS-Baracke kommen zwecks Kontrolle und Erfassung. Als wir dort anlangten, standen wir plötzlich vor dem SS-Mann Rudolf Barthold, und ich zitterte ein wenig, als ich diesen Kerl hier wiedersah. Der Henker fragte mich, ob ich mich erholt hätte, in einem Ton, der nicht unfreundlich klang, und das machte mir Mut. Nach den Formalitäten brachte uns der SS-Mann beide hinter den Stacheldraht und wir mussten uns selber darum kümmern, wo wir schlafen konnten. Essen bekamen wir sehr wenig, weil wir an diesem Tag nichts geleistet hatten.

Spät am Abend fanden wir beide Unterkunft in einem Betonsilo, worin Russen und Polen lagen. Dort hatte es noch ein wenig Platz gegeben, die anderen Silos waren hoffnungslos überfüllt. So schliefen Sander und ich in dieser Nacht zum ersten Mal zwischen fremden Leuten, die wir nicht verstanden, auf dem kalten Boden des Silos, ohne Decken, zusammengekrümmt, die Mäntel und Mützen tief in die Augen gezogen, denn es war kalt in dieser Nacht.

Als ich am ersten Morgen inmitten der Massen auf dem Vorderplatz stand, fiel ich fast um vor dem Gestank. Ich darf wohl sagen, dass sich neunzig Prozent der Häftlinge selbst beschmutzt hatten wegen des miserablen Essens. Ich hatte, da ich die erste Nacht kaum schlafen konnte, weil die anderen fortwährend zum Abort hasteten, mitbekommen, was hier gespielt wurde, und auch, dass es für die meisten gar keinen Zweck hatte, erst loszurennen, denn in der Regel hatten sie das, was sie fortschaffen wollten, schon an Ort und Stelle verloren.

AUF TODESKOMMANDO –
RÄUMARBEITEN IN DEN LEUNA-WERKEN NACH LUFTANGRIFFEN

Unsere Aufgabe als politische Häftlinge ist es, die mit Bomben belegten Stellen zu räumen, Bombentrichter aufzufüllen, zerstörte Eisenbahnschienen wegzuschleppen, umgestoßene Waggons aufzurichten usw. Da die Bomben streckenweise breit gefächert gefallen sind, werden wir im Werk in kleinere Gruppen von etwa zehn oder zwölf Personen geteilt, die man bald hier, bald dort einsetzt. Da das Werk sehr groß ist, sieht man sich dann für gewöhnlich erst am Abend auf dem Bahnhof wieder. Die Arbeit, die wir hier leisten, ist für uns viel zu schwer. Weil wir zu wenig zu Essen bekommen, haben wir zu wenig zuzusetzen. Die üblichen Stockschläge fehlen auch hier nicht. Viele von den SS-Soldaten benehmen sich unmenschlich. Wenn wir diese schweren T-Balken wegtragen sollen, können wir sie wegen unserer körperlichen Schwäche oft nicht einmal anheben, aber die SS-Männer prügeln so lange mit den Gummiknüppeln auf uns ein, bis wir schließlich, unsere Kräfte überfordernd, damit irgendwie wegstolpern. Den normalen deutschen Fabrikarbeitern wird die Sache manchmal zu bunt, aber sie halten wohlweislich ihren Mund, denn sonst sperrte man auch sie ein.

Der Tod wird ein vertrauter Gefährte im Lager, die Zahl der Opfer steigt. Einer meiner Mitgefangenen erzählt mir, dass die Leichen splitternackt in ein Massengrab geworfen und mit ungelöschtem Kalk bestreut würden. Aber bei all diesem Elend, das wir Tag für Tag erfahren, gibt es doch Lichtpunkte, ja ich könnte es aus unserer Sicht sogar eine Wendung zum Guten nennen: die Fliegeralarme. Kein Tag vergeht ohne Fliegeralarm. Immer gegen elf Uhr hören wir die Luftsirenen der Fabrik heulen. Sobald man merkt, dass die feindlichen Flugzeuge es auf die Fabrik abgesehen haben könnten, muss alles, was lebt, im Eiltempo das Werk verlassen. Manchmal laufen wir dann eine Stunde vom Werk weg, bis wir eine Möglichkeit finden, mit heiler Haut davonzukommen.

Zu Hundert im Viehwagen in die Wildnis -

Knochenarbeit auf dem Flugplatz in Schafstädt

Eines Abends geschah es, dass unsere Gruppe, also ein Großteil aller hundert Holländer, die von Nietleben ins Zöschener Lager geführt worden waren, bei der Rückkehr ins Lager auf dem Appellplatz stehen bleiben sollte, während die anderen hinter dem Stacheldraht verschwanden. Es war ein dunkler, eisig kalter Abend und wir wären furchtbar gern in unsere Betonbunker gegangen, mussten aber draußen Stunde um Stunde warten. Sie hätten uns auch einfach verrecken lassen. Immer 'mal wieder kam der ehemalige Nietlebener Lagerführer aus seiner geheizten SS-Baracke, um uns zu zählen und mehr von diesem Blödsinn zu veranstalten. Dann verschwand er wieder. Wir harrten aus. Erstaunlicherweise war die Nummer eines meiner Dorfgenossen nie aufgerufen worden, obwohl er dicht bei mir stand. Wie uns der Lagerleiter schließlich mitteilte, war der Appell vonnöten, weil wir am nächsten Morgen um sechs woanders hin geführt werden sollten. Mein Dorfgenosse Kees Kluiter durfte nicht mitkommen, der Grund dafür ist mir nicht klar. Nach dem üblichen langen Morgenappell sind wir mit dem Rest der hundert Holländer abgereist, was an Häftlingen bis zur Hundert nun noch fehlte, wurde aus dem Bestand des Lagers ergänzt. Wir marschierten zum Bahnhof Zöschen, von wo aus wir in geschlossenen Viehwagen weiterfuhren und auf offener Strecke immer wieder anhielten. Gegen Mittag erst kamen wir an unseren Bestimmungsort. Der Zug hielt schließlich an einer sehr großen Grasebene von mehreren Quadratkilometern. Die Wachmannschaft befahl uns auszusteigen. Uns war, als ob wir mitten in der Wildnis angekommen wären: eine weitgestreckte Ebene, hier und da in der Ferne ein Bauerngehöft, weit linkerhand der Kirchturm von Schafstädt, an dem wir mit dem Zug entlanggekommen waren. Alles um uns herum atmete Todesstille, überall wohin man sah, grüne Wüste. Die Grasebene war ein Flugplatz, auf dem wir im Hintergrund einige Kampfflugzeuge erkannten, die dort ihren Standort hatten. In der Nähe stand ein sehr großer verlassener Schafstall, zu dem die Wärter uns führten. Dieser Stall sollte als unser künftiger Wohnort eingerichtet werden. Nach einem kurzen Appell beim Schafstall überquerten wir den Flugplatz in Richtung eines Weilers mit einigen Häusern und einer Flugzeugwerkstatt. Dort aßen wir zu Mittag. Die Soldaten des Flugplatzes übernahmen nun unsere Bewachung, während sich die SS-Wachmannschaft wieder nach Zöschen verdrückte. Unsere neuen Wärter waren alles Freiwillige aus Litauen, niederträchtige

Schufte, die uns später öfter getreten und geschlagen haben. Bewaffnet mit Hacken und Schaufeln über der Schulter, stampften wir zurück zum Schafstall. Ein kleiner Teil blieb zurück, um einige Arbeiten in der Behausung zu erledigen, die große Mehrheit begab sich am Nachmittag auf Kommando zum Arbeitsgelände an der Westseite des Flugplatzes. Zwei Männer mit gelben Mänteln, ebensolchen Mützen und einer roten Armbinde mit dem Hakenkreuz auf weißem Grund kamen uns entgegen und stellten sich uns als die künftigen Werkmeister vor. Das waren zwei Angehörige der Organisation Todt. Unter ihrer Führung bauten wir fortan Straßen um den Flugplatz. Täglich kamen Eisenbahnwaggons voller Basaltsteine, Schlacke und Sand an, die wir ausluden. Wir ebneten das hügelige Gelände, schafften den Schutt vom Bahndamm weg und errichteten Standplätze für die Jagdflugzeuge. Einige dieser Flugzeuge waren bereits auf Ackerland, bei Häusern oder an Bäumen geparkt. Dies alles forderte von uns die letzten Kräfte. Wir sagten: Das ist eine Arbeit, von der man lange Arme und große Augen bekommt. Viele der unseren wurden hier von ihrem Leiden erlöst.

Die ersten Tage hatten wir's miserabel, unsere Essration bestand aus einem Liter Kartoffelsuppe und einer kleinen, zwei Finger dicken Scheibe Brot. Die Abende und Nächte waren in diesen letzten Oktobertagen schon lang, und ein Ofen brannte noch nicht im Schafstall...

GRAUSIGER KRIEGSALLTAG AUF DEM FLUGPLATZ

Heute sind wir an der westlichen Eisenbahnlinie damit beschäftigt, die Loren vollzuschaufeln, und wie wir das schon so oft erlebt haben, hören wir auf einmal die Motoren der Kampfflugzeuge dröhnen, die vereinzelt hier und da über Hunderte von Metern in der Umgebung der Grasebene aufgestellt stehen. Allmählich bewegen sie sich zur Ostseite der Grasebene und stellen sich nebeneinander auf, mit der

Nase zum Wind, der aus dem Westen weht. Ich zähle dreiundsechzig Jäger. Wir wissen, was dies bedeutet: Die alliierten Bomber sind soeben von ihrem Stützpunkt aufgestiegen. Ich sehe, wie einer der Piloten sich im Eiltempo ausrüstet und einen Lederoverall überstreift. Außerdem fallen mir verschiedene Leute auf, Techniker und Piloten, die hin- und herrennen, und selbstverständlich fehlt dabei auch das unvermeidliche Gebrüll nicht. Befehle hallen über den Flugplatz. Dann kommen sehr schwere Tankwagen, die, mit Benzin beladen, auf den Flugplatz fahren. Sie befüllen die Jäger mit dem nötigen Treibstoff. Kisten mit MG-Patronen für die Maschinengewehre in den Flugzeugen werden herangeschafft. Nach einer guten halben Stunde sind die Maschinen kampfbereit, die Piloten gehen zu ihnen und steigen ins Cockpit. Bald darauf wird das Startzeichen gegeben. Zu zwanzig zugleich rollen sie auf uns zu, vierzig Meter von der Bahnlinie entfernt, an der wir arbeiten, steigen sie in die Luft und ich hab das Gefühl, als könnte ich einige derer mit der Schaufel berühren. In einer Höhe von fünfzig Metern klappen die Fahrgestelle ein, und dann verschwinden sie alle in westlicher Richtung, um sich mit den Bombern zu schlagen.

Manche dieser Jäger kamen nicht zurück. Einer machte beim Start einen Fehler und flog in den Kartoffelacker, und auch bei der Landung gab es wohl Unfälle. Arie, der Dolmetscher, war inzwischen abgesetzt worden, weil er nicht streng genug auftrat, und von einem Mann aus Amsterdam ersetzt. Er hieß Ludwig und war, Poelma zufolge, ein Unterweltler.

Ein gewisser Häftling, der bislang jeden Tag mit auf Kommando gegangen ist, fühlt sich krank und erschöpft und nicht mehr fähig zur Schwerarbeit. Diesen Morgen tritt er denn auch nicht mehr zum Kommando an, sondern bei der kleinen Abteilung der Kranken, die ebenso zur Kontrolle hinaus muss. Diese Kranken gehen nach dem üblichen Appell für gewöhnlich wieder in die Baracke und legen sich dann auf die eisernen Betten. So gedenkt unser Häftling, der wirklich zu schwach

Ordnung muss sein: Auch für die Arbeitserziehungslager galten die Formulare der polizeilichen Meldestelle. Hier aus Zöschen das Beispiel einer zwanzigjährigen, staatenlosen Dolmetscherin, gebürtig in der Türkei.

ist, auch an diesem Tag nicht zur Arbeit zu gehen. Kaum sind wir angetreten, da bemerkt Loet den Ausfall, geht auf den Mann zu und schreit: „Was, du Simulant, du willst nicht arbeiten? Komm her!", und sofort zerrt Ludwig, der Schinder, den Mann aus dem kleinen Krankenkommando heraus. Der SS-Scharführer, der alles wahrgenommen hat, kommt auf den Häftling zu und verpasst ihm zu allem Überfluss ein paar derbe Schläge mit dem Gummiknüppel. Dann stößt er den Mann in die große Gruppe der Arbeitssklaven, die sofort ausrückt. Weinend ruft der Ärmste immer wieder: „Ich kann nicht mehr!" So stolpert er aus dem Tor. Auch am Mittag hat er keinen Erfolg mit seiner Einlassung, er wäre krank. „Hier wird gearbeitet", sagt Ludwig, der den Mann erneut mit uns nach draußen schickt. Gegen vier Uhr, als wir dabei sind, einen Eisenbahnwaggon auszuladen, bricht der Ärmste vor Erschöpfung, Hunger und Kälte sterbend zusammen. Es ist aus mit ihm. Zwei andere Häftlinge tragen den Toten aus dem Waggon und legen ihn in eine Lore. Die Arbeit geht einfach weiter, gerade so, als wäre gar nichts geschehen. Abends gegen halb sechs, als unsere Schufterei zu Ende ist, nehmen sechs Mann ihren toten Kameraden aus der Lore und tragen die Leiche auf ihren Schultern zum Schafstall. Von zweihundert Mann, die wir zu Beginn gewesen sind, gehen im Augenblick nur dreißig auf Kommando.

DIE GUMMIKNÜPPEL DER SCHINDER UND DIE OHNMACHT DES SANITÄTERS ZU SCHAFSTÄDT

Wenn draußen zum Antreten geblasen wurde, geschah es des Öfteren, dass sich einer der Führer, gewöhnlich Rudolf Barthold, der wohl der schlimmste unter den drei Schindern war, in die Türöffnung stellte, durch die hindurch wir aus dem Stall mussten. Wer das nicht schnell genug schaffte, bekam vom Scharführer im Vorbeirennen eine mit dem Gummiknüppel über den Hinterkopf gezogen. So habe ich einmal einen Jungen aus Sliedrecht gesehen, der im Nacken von einem großen Furunkel geplagt war. Der wurde brutal von dem Gummiknüppel getroffen und kaputtgeschlagen. Eiter und Blut sickerte dem Jungen am Mantelkragen herunter, die Tränen rollten ihm über die Wangen zu Boden, ein nasser glitschiger Rotz hing ihm aus der Nase wegen des kalten Wetters.

Die Zahl der ausgemergelten, schwachen Jungen wuchs täglich. Die allerschlimmsten Fälle, bei denen in den Körpern so gut wie kein Leben mehr zu spüren war, wurden in die kleine Krankenstation des holländischen Sanitäters geführt. Die Dysenterie, der Blutlauf, verbreitete sich immer weiter und wurde immer gefährlicher. Viele derer, die nicht mehr die Kraft aufbrachten, sich nach draußen zu begeben, hatten ihre Strohmatratzen beschmutzt, so dass sie dauernd feucht waren und stanken. In manchen hausten Maden auf dem nassen Kot und krochen über die Kranken. Auf den kahlgeschorenen Köpfen, unter den Achselhöhlen und in der Schamgegend gediehen die Läuse. Auch auf den Eisenstangen der Betten habe ich viele Läuse auf und nieder laufen sehen, die dann schließlich in den Strohmatratzen oder in einer Spalte im Holzverschlag der Baracke verschwanden.

Der erste Holländer, der in diesem Lager starb, war Willem aus Sliedrecht, Willem der Partisan, wie ihn der Lagerführer immer wieder titulierte.

Wilhelm ist nicht mehr. Tags darauf hat Chris Willemse aus Eindhoven damit angefangen, einen Sarg für den Partisan zu zimmern. Drei andere Häftlinge stellten sich als Totengräber zur Verfügung. Die Holländer werden hier im Sarg beerdigt werden. Von dem Tag an, an dem der Partisan starb, waren Chris Willemse und die drei Totengräber jeden Tag regelmäßig mit der Herstellung von Särgen und mit der Beerdigung beschäftigt. Manchmal starben zwei oder drei, einmal sogar vier Häftlinge zugleich. Auch die Zahl der menschlichen Wracks wuchs, was zur Folge hatte, dass die Anzahl der Gesunden, die morgens auf Kommando ging, stark sang und damit die Arbeit nur wenig Fortschritte machte.

EIN POLE WIRD ZU TODE GEPRÜGELT

Ich sehe, dass ein alter Pole von vielleicht sechzig Jahren aus den Reihen der Angetretenen ausschert, auf den Fersen gefolgt von zwei anderen, unter denen mit Sicherheit ein Holländer ist. Das wird eine der gewöhnlichen Strafvollstreckungen sein, denke ich, und tatsächlich irre ich mich dann auch nicht. Dem alten Polen wird befohlen, sich unten herum auszuziehen, was der Ärmste, der vor Angst zittert, auch macht. Nachdem der Mann sich entblößt hat, befehlen ihm die Führer, gebeugt zu stehen, worauf der eine SS-Mann den Kopf des Polen zwischen die Knie klemmt, während der Scharführer mit großem Armschwung den Gummiknüppel auf den nackten Hintern des Mannes niedersausen lässt. Ich stehe ziemlich weit entfernt und höre den alten Mann aufheulen vor Schmerz. Ich blicke beiseite, denn ich kann es nicht mit ansehen, wie sie den alten Mann zurichten. Der SS-Mann Barthold kontrolliert, ob der Pole auch genügend Striemen auf die Haut bekommt. Unnötig zu sagen, dass auch die beiden anderen, die dem Polen nach vorne gefolgt waren, dass gleiche Schicksal ereilt, nur dass sie nicht gar so wild verprügelt werden, wahrscheinlich weil ihre Vergehen weniger schlimm gewesen sind. Wenige Minuten später sitzt mein holländischer Kollege auf dem Bock und weint wie ein kleines Kind. Er reibt mit den Händen an der Stelle, von der ich vermute, dass sie wie ein blutig gehacktes Beefsteak aussieht.

Mit dem Polen nahm es ein schlimmes Ende. Er wurde auch an den nächsten Tagen geschlagen und starb zwei Wochen später. Das Verbrechen, das er begangen hatte, bestand darin, dass er die deutsche Propaganda als eine einzige Lüge bezeichnete. Die beiden anderen waren bestraft worden, weil sie gestohlene Zuckerrüben gegessen hatten.

Aber plötzlich werden meine Gedanken auf etwas anderes gelenkt. Hinter mir höre ich ein klägliches Weinen und Jammern, und als ich mich umblicke, steht da ein Häftling, der greint. Er scheint nahe daran, verrückt zu werden und lässt sich nicht trösten. Es wird immer schlimmer mit ihm. Es ist einer meiner holländischen Kameraden. Die Werkmeister sind inzwischen auch gekommen und sehen sich die ganze Sache an. Uninteressiert ziehen sie die Schultern hoch, ihnen ist das alles egal, auch wenn der Mann in den letzten Zügen liegen sollte. Sie öffnen die Tür des Schuppens und beginnen mit der Ausgabe der Hacken und Schaufeln. Der Häftling weint immerzu, vor Heimweh bricht er zusammen, er kann nicht länger durchhalten, er fängt an zu rasen, zu rufen, zu schreien: „Mutti, Mutti, hilf mir doch!" Mir wird übel, den anderen ebenfalls. Die ganze Kolonne ist still, die

Wärter schweigen auch, dann höre ich auf einmal wieder solch einen Schrei: „Erschieß' mich doch, erschieß' mich doch, ich will nicht mehr leben!" Die Schreie verhallen in der Dämmerung, in der Morgenstille, in die der Flugplatz gehüllt ist, dann wird der Befehl zum Abmarsch gegeben, und bewaffnet mit den Werkzeugen auf den Schultern, marschieren wir in Dreierreihen, ein Russe neben einem Holländer und einem Belgier Richtung Süden. Zwei Tage später bringt man den Häftling, der an diesem Morgen so gerast hatte, im Sarg zum Friedhof. Um von solchen Erlebnissen nicht selber zum Opfer gemacht zu werden, arbeite ich wie ein Vieh.

DIE LEICHEN IM LAGER AMMENDORF/OSENDORF

Ich wohne mit etwa sechzehn Mann im Zimmer. Es gibt Tage, an denen von diesen sechzehn Leuten fünf vor die Hunde gehen. In anderen Zimmern ist es ebenso. Besonders in den ersten Wochen, die wir hier im Lager zubrachten, war es schlimm, so schlimm, dass sie wie die Ratten krepierten. Das gilt nicht nur für die Holländer, sondern auch für die Russen, Polen, Franzosen und Italiener. Morgens früh, sobald es anfing, hell zu werden, kam der SS-Sanitäter, der fast jeden Tag besoffen war, in die Zimmer und fragte lakonisch: „Irgendwelche Abgänge?", worauf der Zimmerführer die Bettenfront abschritt, um zu kontrollieren. Wenn jemand regungslos unter den Decken lag, rief er: „He, he!" und zog den Betreffenden am Bein. „He, alter Knabe, lebst du noch?" Manchmal lag der Häftling bloß in tiefen Schlaf gesunken und erhob sich dann, aber es geschah genauso, dass einer regungslos liegen blieb. Ach, etwa drei Tote am Morgen, das war ganz normal. Der SS-Sanitäter verschwand im Fall der Fälle und kam bald mit zwei Häftlingen zurück, die die Leichen aus den Betten schleppen sollten. Die Toten wurden dann mehr oder weniger über den Fußboden geschleift bis zu dem kleinen Platz, oder man zog sie bis auf die Straße. Die meisten dieser Leichen starrten so sehr vor Dreck, dass sie nicht angefasst werden konnten. Draußen in der Gasse schnitten sie Häftlinge mit großen Messern stückweise die Kleider von den Toten und zogen sie vom leblosen Körper. Manchmal verbrannte der Sanitäter die Sachen, manchmal verschenkte er sie. Dann trugen die Häftlinge die Leiche in ein bereitstehendes Auto. Das fuhr zu einem Massengrab oder so etwas, ich weiß es nicht bestimmt. Die freigewordenen Plätze wurden wieder von anderen Häftlingen eingenommen. Als ich dies alles sah, habe ich oft gedacht, dass auch für mich einmal der Tag kommen würde, an dem man mich mit vier anderen Häftlingen vor die Tür auf die Gasse trüge, die Beine voraus. Tagtäglich liegen wir mit viel zu vielen Leuten auf einem Zimmer, von denen unerträglicher Qualm und saurer Gestank ausgeht. Von manchen Betten tropft der Schmutz auf den Boden oder auf das Bett des Untermannes. Schlafen kann man nur unter Mühen wegen des fortwährenden Gekribbels, das die dicken, roten Wanzen verursachen. Ich liege auf dem Oberbett. Unter mir schläft Otto Ploeger aus Alkmaar, unser ehemaliger Werkmeister und Vermittler auf dem Arbeitsgelände in Nietleben bei Halle. Mein Nebenmann, an dem ich ganz nahe gelegen habe, ist heute morgen in die Gasse geschleppt worden. Es war ein Russe, eine Seele von einem Menschen. Sein Bett wird schon bald von einem anderen eingenommen werden. Ich sehe noch einmal auf seine Strohmatratze, die nass vor Schmutz ist und von lebenden Maden wimmelt. Ich betrachte die Szene, während ich mein kleines Stück Brot verzehre, der Hunger lässt mich gierig weiteressen.

In Ammendorf erlebt Herman Poelma noch ein sonderbares Ereignis, ein Ereignis mit einem tödlichen Schluss. In einem anderen Zimmer lag der holländische Sanitäter der Lager in Nietleben und Zöschen, Bertus Juckers aus der Gruppe Beverwijk. Er erholte sich von einer Krankheit und wurde wieder ambulant

behandelt, als ihn eines Tages der SS-Sanitäter gehen sah und ihm eine Spritze
gab. Anderthalb Stunden später kühlte sein Körper immer weiter ab, und am
nächsten Tag wurde seine Leiche auf die Straße geschleppt. Ein anderer Bever-
wijker, Nico Heynis, starb drei Tage, nachdem die Häftlinge dazu gezwungen
worden waren, eine kalte Dusche zu nehmen. Dazu sollten sie fast nackt, nur
mit einer umgeschlagenen Decke ausgerüstet, bei einigen Grad Minus die Straße
überqueren. Das Ende von Poelmas Gefangenschaft kam aber in Sicht. Eines
Tages ging es wieder zurück nach Zöschen, wo sich noch die Koffer mit seinen
Sachen befanden. Für ihn wurde die Rückkunft jedoch eine Enttäuschung -
seine Kleider waren gestohlen.

Ich trauere überhaupt nicht darum. Wenn ich mir das Gepäck
derjenigen ansehe, die im Lager ums Leben gekommen sind, dann
habe ich nicht zu klagen und darf im Gegenteil höchst zufrieden sein,
dass ich bis jetzt lebend davongekommen bin.

Nachdem er kurze Zeit in einem Gefängnis bei Leipzig zugebracht hatte,
kam für ihn der befreiende Augenblick:

Als einer der letzten bin ich im Gefängnis von Beamten des Ar-
beitsamtes registriert und von der Polizei fotografiert worden, als
einer der ersten wurde ich aufgerufen, um abzureisen. Es ist der 4. Januar 1945, nachmittags etwa gegen vier Uhr, als ich im Saal jemanden
meine Nummer und meinen Namen aufrufen höre. Ich lag zu diesem
Zeitpunkt der Länge nach auf einer Bank dicht beim Ofen und versuchte, eine Mütze voll Schlaf zu nehmen, was mir in der Nacht nicht
gelungen war. Gemeinsam mit mir gehen noch sieben andere hinunter, schnell packen wir unseren Krimskrams und machen uns fertig
für die Abreise. In der Halle wartet irgendein Meister irgendeines
Werkes auf uns. Der Chef erzählt uns inzwischen, dass wir in einer
Maschinenfabrik in Taucha beschäftigt werden. Dort stellt man Ein-
zelteile für die Beleuchtung an Flugzeugen her. Der Mann erzählt
weiter, dass es sich um ein großes Werk handelt, wo hauptsächlich

Frauen und Mädchen arbeiten, es ist leichte Arbeit, man verdient einen passenden Lohn, und am Sonntag ist frei. Besonders das letzte interessierte uns, weil wir in den Straflagern bisher immer gezwungen gewesen waren, auch an den Sonntagen zu schuften.

Ich erinnere mich noch genau daran, dass wir, als wir fertig waren, im Gefolge des Werkmeisters das Gefängnis verließen und auf der Straße standen, ohne Bewachung und nicht mehr unter dem spähenden Auge der SS. Ich kann nicht in Worte fassen, was uns da bewegte, wie heilvergnügt wir waren, als wir endlich, nachdem man uns neun Monate hindurch wie Sklaven behandelt hatte, in die Gesellschaft zurückkehrten. In Gedanken stehe ich am Straßenrand und lasse noch einmal alles Revue passieren. Ich denke an daheim, an die Lager, an meine sehr vielen misshandelten und gestorbenen Mitgefangenen, die nicht das große Glück hatten, heimkehren zu dürfen. Dann fühle ich erneut die Freude in mir aufwallen und möchte vor Heiterkeit auf dem Pflaster tanzen, nun da ich frei bin.

Ich denke an daheim, *schrieb Poelma. Für ihn waren seine Gedanken denn auch für lange Zeit die einzige Möglichkeit, sich mit seinem Zuhause verbunden zu wissen, denn erst bei der Abreise aus Ammendorf, während er seine Papiere zurückbekam, erhielt er auch zwei Briefe. Einer war von seinem Bruder Willy und der andere von seinen Verwandten in Bedum. Letzterer war datiert vom 8. August 1944.*

Der Leidensweg des Christian Wolgemoed
mit Anmerkungen von Frans Busschers

Christian Wolgemoed erinnert sich, Leuna am 31. Januar 1957

Nach einer gewissen Zeit sollten wir auf Arbeitskommando gehen und in Zöschen ein Zeltlager aufbauen, so sagte man uns. Unter Bewachung der SS fuhren wir am Morgen mit dem Zug fort und kehrten am Abend zurück ins Lager Korbetha. Die Arbeit, die wir dort verrichteten, bestand darin, Pfähle zu setzen und Stacheldraht um ein Stoppelfeld zu spannen. Außerdem bauten wir eine Baracke und ein paar Zelte. Als diese Arbeit beendet war, wurde die gesamte E.-Kompanie nach Zöschen übersiedelt. So hatten wir also unser eigenes Lager gebaut.

Arbeitskommandos wurden eingeteilt, wie die Kommandos Kiesgrube und Küche. Ebenso die Kommandos Wallendorf und Leuna. Da die Arbeit im Lager selbst den Tod bedeutete, versuchten alle Häftlinge, in die Arbeitskommandos zu kommen, wo sie es ein bisschen besser hatten (hier waren sie den Schikanen der SS nicht so sehr ausgesetzt wie im Lager selbst). Infolge der grausamen Methoden der Wachmannschaft schwand die Zahl der Häftlinge immer weiter. Innerhalb eines Monats waren nur noch dreihundertfünfzig Mann übrig. Es kamen immer wieder neue Häftlinge aus anderen Lagern, nämlich holländische Geiseln aus Schafstädt und viele Polen und Russen.

Morgens um 5:00 Uhr war der Appell. Wir wurden von einem Kapo oder Kalfakter aus dem Stroh geschlagen. Wir bekamen einen Topf Kaffee und wurden eingeteilt. Die Arbeitskommandos marschierten dann eines nach dem anderen ab. Am größten war das Leuna-Kommando von ca. zweitausendfünfhundert Mann. Wenn dieses Kommando am Morgen ausrückte, wurde es von denen beneidet,

*Die „Straße der Tränen". Diesen Weg mussten die Häftlinge
vom Bahnhof Zöschen aus zum Lager nehmen.*

die zurückbleiben mussten. Die Arbeit in Leuna war die verhältnismäßig günstigste. Die Kameraden dort sahen sich in der Lage, sich zusätzlich ein wenig zu Essen zu beschaffen, oder sie bekamen etwas von den deutschen Arbeitern in Leuna. Um 12:00 Uhr bekamen die Häftlinge eine Suppe, das heißt: Wasser mit Kohlblättern. Uns erschien diese Mahlzeit jedoch königlich, verglichen mit dem Essen im Lager. Nicht mehr als drei Minuten hatten wir Zeit, uns zu laben, um dann wieder an die Arbeit getrieben zu werden. Abends um 17:00 Uhr rückten die Kolonnen wieder zum Bahnhof von Leuna ab. Das Einsteigen dauerte nur eine Minute. Wie die Heringe standen wir in den Waggons. Die Beamten der Eisenbahn waren Zeugen dieser Schikane. Vom Bahnhof Zöschen ging es im Laufschritt zum Lager. Dort gab es zuerst einen Appell, der manchmal mehrere Stunden lang dauerte. Dann hieß es, wieder Suppe zu fassen und ein kleines Stückchen Brot. Wenn wir mit allem fertig waren, fielen wir erschöpft ins Stroh und warteten auf den folgenden Morgen.

Über die ersten Monate hin war es für die Gefangenen in Zöschen nicht möglich, sich zu waschen oder die Kleidungsstücke zu reinigen. Das Lager war vollkommen verdreckt, verlaust, verwanzt. Infektionskrankheiten brachen aus, z. B. Typhus. Einen Arzt gab es nicht. Die Krankheiten verbreiteten sich schnell. Alle hatten sich infiziert. Arzneimittel fehlten, nur ein wenig Aspirin war vorrätig. Das kriegten wir zur Heilung sämtlicher Krankheiten. Natürlich nahmen die überhand, so dass der Kommandant schließlich doch einen Arzt anfordern musste. Der kam ins Lager und besuchte die Leidenden und Sterbenden. Er ließ alle Patienten ins Freie tragen. Viele, die nicht gehen konnten, schlug man gleich tot. Andere starben am nächsten Tag. Als der Arzt abzog, gab es keine Kranken mehr. Das Lager atmete erleichtert auf, als man den Doktor verschwinden sah. Viele konnten jetzt wenigstens in Ruhe sterben.

Im Monat November 1944 war es sehr kalt im Lager. Unser Zustand verschlechterte sich tagtäglich. Jetzt starb man nicht mehr nur an Hunger und Elend, sondern auch vor Kälte. Keiner der Gefangenen besaß noch irgendwelche richtigen Kleider. Alte Zementsäcke zogen wir unter unsere Lumpen, so dass wir von den kalten Winden so wenig wie möglich fühlten. Aber wenn die SS jemanden prügelte, dann hörte sie das Papier rascheln, und sie befahl dem Betreffenden, sich zu entkleiden, ganz egal, wo er sich gerade befand, und wenn es auf offener Straße war. Das Papier wurde entfernt, und der Häftling erhielt eine Strafe, weil er das Deutsche Reich bestohlen hatte.

Die SS war wie besessen und schlug und trat die wehrlosen Gefangenen. Eine ihrer beliebten Vergnügungen war es, einen Gefangenen durchs Lager zu jagen und dabei ständig auf ihn einzudreschen, bis er erschöpft zu Boden fiel, wo man ihn mit Füßen trat, oft, bis er starb. Keinen Moment waren wir unseres Lebens sicher. Ende November waren die Umstände nicht mehr auszuhalten. Wir aßen rohe

Zuckerrüben und rohe Kartoffeln, die wir von den Feldern gestohlen hatten. Wohl jeder Häftling trug ein Stück Rübe unter den Lumpen, so dass er dann und wann heimlich etwas davon abknabbern konnte. Am letzten Abend in diesem Lager weilte ich bei einem Freund. Er war in der Schreibstube beschäftigt und gab mir etwas Geld für den Fall, dass ich fliehen könnte. Am 24. Dezember 1944 ist er von der SS erschlagen worden. Er hieß Niko Leentvaert. Am Morgen nach unserem letzten Gespräch ging mein Transport ab nach Schkopau. Wir mussten den ganzen Weg zu Fuß gehen. Vor dem Werkstor von BUNA wurde ein Appell abgehalten. Danach befahl man uns zum Fotografen, der von jedem ein Konterfei anfertigte. Mein Foto bekam ich im Oktober 1956, als ich BUNA besuchte. Von der E.-Kompanie sind meines Wissens vierundzwanzig Holländer zurückgekehrt.

ANMERKUNGEN VON FRANS BUSSCHERS ZUM BERICHT VON CHRISTIAN WOLGEMOED, BRIEF VOM JUNI 1997

Von Anfang an waren etwa 50 holländische Häftlinge, die in Spergau ausgebombt waren, mit dem Aufbau des Lagers Zöschen beschäftigt. Nach etwa einer Woche täglicher Hin- und Rückfahrt von und nach Schkopau verblieb die Gruppe Holländer dann in Zöschen und wohnte in den Zelten des Lagers.

Die Kommandos marschierten meistens in Kolonnen zu dritt nebeneinander. Die gesamte Gruppe, die vom Lager zum Bahnhof Zöschen marschierte, zählte höchstens mehrere hundert Mann. Dass der Kommandant des Lagers um die Entsendung eines Arztes bat und dieser mit den Patienten wie beschrieben umsprang, ist für das Lager Zöschen nicht verbürgt und hat sich ganz offensichtlich anderswo zugetragen. Aspirin gab es für uns nicht. Zwei- oder dreimal in der Woche tauchte ein SS-Arzt in Begleitung einer Krankenschwester auf. Der Arzt hat niemanden untersucht, er fuchtelte lediglich mit einer Pistole herum, während die Krankenschwester, wie bereits mitgeteilt, die Körpertemperatur der Kranken maß. Erst bei einem Fieber von 40°C war man arbeitsunfähig und wurde in ein Zelt mit der Aufschrift „ansteckende Krankheiten" abtransportiert.

Die Männer machten nicht mit beim örtlichen Herbstfest, sie waren alle voller trüber Gedanken an ihr Zuhause, von dem sie nicht wussten, wie es jetzt dort zuging. Allmorgendlich trotteten wir durch schlammige Felder zur Kiesgrube, wurden durchgeprügelt, um noch mehr zu schuften, trotz unserer Schmerzen und unseres Leides. Wir stellten Mutmaßungen über das baldige Ende des Krieges an, aber niemand hatte Gewissheit, oh, liebe Mutter, lieber Vater, wie wurden wir alle mitleidlos geschlagen! Beinahe waren wir am Boden. Tag für Tag mussten wir die vollen Körbe Kies hochbringen, Bahnschwellen oder auch Schienen tragen, von Hunger gequält. Die Bewacher, die die Front gewechselt hatten, schlugen uns mit Stock oder Peitsche. Während wir erschöpft, verdreckt, furchtlos nach dem fernen Ende stierten, dachten wir daran, wie glücklich und erleichtert wir Getretenen uns fühlen würden, wenn wir einst all den Schmutz im plätschernden Nass mit Wasser und Seife wegspülen könnten. Eines Tages kamen die Deutschen, uns zu belohnen, mit der schönen Idee herbei, ein jeder von uns wäre von heute auf morgen ein freier Arbeiter, wenn er das Formular der Organisation Todt unterschriebe. Die ganze Nacht hindurch träumten wir davon auszugehen, phantasierten von üppigem Essen, in der einen Hand ein Glas Bier, in der anderen Brot mit Schinken, sehnten uns nach Bohnenkaffee und nannten das schön trocken geil sein. Aber schon schrien sie wieder, der Russe, der Lette oder der holländische Joop oder Louis aus voller Kraft, wir spähten ängstlich umher, überlegten, was sie wohl nach dem Krieg erwarten würde. In das Vernichtungslager Zöschen waren wir mit zweihundert Mann gegangen, am Ende der Lagerzeit vermissten wir mehr als die Hälfte davon. Was man auch anstellt, das vergisst man niemals.

Das deutsche Lagerpersonal

Personaldaten der deutschen Lagerverwaltung und der Wachmannschaften entsprechend der polizeilichen Anmeldungen in Zöschen

Lagerleiter war der SS-Untersturmführer Wilhelm Winter, geboren am 10. Januar 1902 in Uchtdorf, wohnhaft in Halle (Saale), Händelstraße 21.

Verwaltungsleiter war der Polizeiinspektor im Dienst der Gestapo Alfred Opitz, geboren am 17. Februar 1897 in Merbach, wohnhaft in Halle (Saale), Hübnerstraße.

Leiter der Gestapo Halle (Saale) war der Oberregierungsrat Kolitz, Dienstsitz in Halle, Polizeipräsidium, Dreyhauptstraße.

Anmeldung	Funktion	Name	Alter	letzter Wohnsitz
01.09.1944	Kriminaloberassistent	Walter-Georg	35	Spergau
04.09.1944	Polizeiinspektor	Alfred Karl	47	Spergau
04.09.1944	Oberwachtmeister	Otto	35	Wittstock
05.09.1944	Polizeiinspektor	Willi-Max	35	Spergau
05.09.1944	SS-Scharführer	Walfried	31	Dresden
09.09.1944	Büroangestellte	Irmgard	23	Spergau
11.09.1944	Kriminalobersekretär	Kurt	56	Spergau
11.09.1944	Angestellter im Gefängnisaufsichtsdienst	Paul	50	Spergau
12.09.1944	Dolmetscher und Kaufmann	Anton	31	Spergau
19.09.1944	Angestellter und Sprachmittler	Walter	45	Schkopau
19.10.1944	Maschinenschreiberin	Margarete	25	Riga

Datum	Funktion	Name	Alter	Herkunft
22.10.1944	Angestellte im Gefängnisaufsichtsdienst	Zenda	23	Riga
22.10.1944	Aufseherin	Else	38	Riga
01.12.1944	Dolmetscherin G. Z. A.	Nadine	25	Halle (Saale)
25.02.1945	Gestapoangestellter	Fram	56	Schwiebus/ Züllichau
25.02.1945	Scharführer	Roman	50	Schwiebus/ Züllichau
25.02.1945	Gestapoarzt	Karl	41	Frankfurt (O.)
05.03.1945	Hauptscharführer	Franz	62	Schwedt/ Frankfurt (O.)
06.03.1945	Hauptscharführer	Otto	54	Schwedt/ Frankfurt (O.)
ohne	Angestellte	Melitta Selma[1]	unbek.	Schkopau

ANZAHL, DIENSTANTRITT UND HERKUNFT DES WACHPERSONALS

Am 11. und 12. September 1944 kamen 27 Wachmänner nach Zöschen, die bereits in Spergau Dienst gemacht hatten und als deren letzter Wohnsitz deshalb Spergau angegeben ist. Nach diesem Termin kamen vor allem noch russische Wachmänner ins Lager. Elf von ihnen, deren Herkunft nicht angegeben wird, trafen am 25. September ein, weitere 18 aus dem BDS Ostland, Ausbildungslager Suchenhof, am 19. September 1944, am 8. Februar 1945 kamen 16 Russen aus Sochazef hinzu und am 8. April 1945 weitere sieben Russen aus Rothenburg an der Saale. Insgesamt waren bei der Wachmannschaft 47 Deutsche und 53 Russen tätig.

Anm.: [1] Aus Gründen des Personenschutzrechts sind sämtliche Familiennamen ausgespart. Im Bedarfsfall, dessen Dringlichkeit zu prüfen wäre, können die vollständigen Daten bei den zuständigen Stellen erfragt werden.

Bei den Russen handelte es sich um Kriegsgefangene, die von der SS angeworben und dann in besonderen Lagern ausgebildet worden waren. Da ein Einsatz dieser Gefangenen an der Front nicht in Frage kam, wurden sie als Wachmänner eingesetzt, durften jedoch keine Waffen tragen. Nach Busschers Angabe wurden sie von ihren Deutschen „Kollegen" geringschätzig behandelt und von den E.-Kompanie-Häftlingen als übergelaufene Verräter verachtet.

DREIZEHN FRAGEN AN FRANS BUSSCHERS VOM 19. MÄRZ, 8. MAI UND 6. JULI 1996 ZUM ZÖSCHENER WACHPERSONAL

1. Welche Wachmänner waren ihnen namentlich bekannt?

Der Lagerführer hieß Winter. Er kam immer reitend in das Lager, mit einer sehr langen Peitsche. Mit großer Treffsicherheit konnte er diese Peitsche um Nacken oder Oberkörper der Häftlinge schlagen und sie zu Boden werfen. Dann gab es noch einen Scharführer Reuter. Er kam nicht so oft in das Lager. Der größte Sadist war ein Wilhelm Gerbsch aus Schwerin. Er hat viele Häftlinge ohne jeden Grund totgeschlagen. Nach Kriegsende ist er von US-Soldaten verhaftet und vor ein holländisches Gericht gestellt worden. Wachmeister P. hat auch viele Menschenleben auf seinem Gewissen. Nach ungefähr zwei Wochen haben die holländischen Facharbeiter von ihm keine Schläge mehr bekommen. Wahrscheinlich war er Maurer. Die Wachmänner waren alle SS-Leute, mit Ausnahme eines deutschen Zivilisten, eines Herrn von Cappellen, der immer freundlich und hilfsbereit war.

2. Erinnern sie sich an das Alter von Wachleuten, die ihnen namentlich bekannt sind?

In etwa. Es gab junge und ältere Wachmänner, aber die Anzahl der Älteren war größer. Scharführer Reuter und Wachtmeister Laurenz waren etwa vierzig Jahre alt, Wachtmeister Kiesing so um die 45, eher älter. Wachtmeister P. war sechsundzwanzig Jahre alt.

3.Was wissen sie über jenen Herrn von Cappellen?

Ich weiß nicht genau, aber ich meine, dass Herr von Cappellen ins Lager Zöschen gekommen ist, weil er sich geweigert hat, die Fenster zu verdunkeln. Sein Sohn war an der Ostfront gefallen und seine Frau bei einem Luftangriff ums Leben gekommen. Er sagte: ‚Das Leben hat für mich keinen Sinn mehr.' Unter den Wachmännern war er ein Einzelgänger, aber sein Auftreten forderte unseren Respekt.

4. Woher kannten sie die Namen der Wachmänner?

Die Wachleute haben sich im Dienst untereinander nicht mit ‚Du' angeredet. Als Angehörige einer SS-Truppe waren sie militärisch organisiert und haben sich, wenn sie sich laut anriefen, mit Dienstgrad und Nachnamen angeredet. Da sie sich zwangsläufig immer in der Nähe der Häftlinge aufgehalten haben, konnten wir die Namen gut verstehen. Von den Häftlingen hingegen sind die Wachtleute niemals mit dem Namen, sondern immer mit „Herr Wachtmeister" angerufen worden.

5. Gab es Kontakte zwischen Häftlingen und Wachleuten?

Die Wachleute haben mit den Häftlingen nur gesprochen, um Befehle zu geben. Bei den Arbeiten im Leuna-Werk kamen die Befehle ausschließlich von den Wachmännern und nicht von den deutschen Werkmeistern oder Vorarbeitern.

6. Hatten die Häftlinge den Wachmännern eine Ehrenbezeugung zu erweisen?

Wenn er von einem SS-Mann etwas gefragt wurde oder in dessen direkte Nähe geriet, musste ein Häftling strammstehen und die Mütze abnehmen.

7. Wie viel deutsche und wie viel ukrainische Wachleute gab es gleichzeitig?

Ich denke, dass ungefähr zwanzig deutsche Wachmänner im Lager waren und vier oder fünf Ukrainer, die sich nicht Wachmänner nennen lassen durften und deswegen Aufseher hießen. Die ukrainischen Aufseher trugen grüne Uniformen und eine Armbinde mit der Aufschrift ‚Im Dienste des SD'. Ich entsinne mich nicht, Wachmänner auch in dunklen Uniformen gesehen zu haben. Es gab drei oder vier kriegsversehrte Wachmänner.

8. Zu welchen Gelegenheiten befanden sich die Wachleute im Lager?

Beim Morgenappell waren fast alle Wachmeister anwesend. Beim Abendappell weniger, weil die Wachmänner nach Rückkehr der Kommandos ins Lager und nach Überprüfung durch den Wachführer Dienstfrei hatten.

9. Wie standen deutsche und ukrainische Wachleute zueinander?

Der Unterschied zwischen deutschen und ukrainischen Wachleuten war sehr deutlich zu spüren. Die Ukrainer waren auch in den Augen der SS nur Landesverräter und galten als minderwertig. So wurden sie auch behandelt. Sie trugen keinerlei scharfe Waffen, sondern nur Stöcke oder Gummiknüppel. Damit konnten sie allerdings gut umgehen.

10. Welche Waffen trugen die anderen Wachleute?

Im Lager trugen die Wachmänner alle Pistolen, auf Kommando nahmen sie noch ein Gewehr mit. In Spergau waren auch Wachmänner mit Maschinenpistolen dabei.

11. Was wissen sie über die Schreibstube?

Den Namen Opitz habe ich zum ersten Mal von Ihnen gehört. Der Zutritt zur Schreibstube war für uns verboten. Ich bin nur einmal während meiner Gefangenschaft in der Schreibstube gewesen, um für den SD die Erklärung abzugeben, dass meine Papiere bei dem Luftangriff auf Spergau verbrannt waren. Damals habe ich in der Schreibstube nur einen Wachmeister und zwei Büromädchen gesehen.

12. Wie oft kam der SS-Arzt?

Am Anfang nur einmal pro Woche. Allerdings weiß ich weder, wo er gewohnt hat, noch kenne ich seinen Namen.

13. Hatten sie den Eindruck, dass die Wachmänner einen ‚Befehl von oben' hatten, die Häftlinge zu schlagen und zu töten?

Ich glaube nicht, dass die Wachmänner unter Druck geschlagen und getötet haben. Außerdem war die Art des Umgangs von Mann zu Mann sehr verschieden. Der eine hatte seine Menschlichkeit noch nicht vollends abgestreift, der andere war eine Bestie. Fast alle Wachmänner haben geschlagen, aber die Überzeugung, mit der sie das taten, unterschied sich sehr voneinander. Der eine gab nur einmal mit der Hand einen kleinen Schlag, der andere drosch so lange mit Stock oder Gummiknüppel los, bis der Häftling am Boden lag. Bei der Arbeit im Leuna-Werk wurde nicht so viel geschlagen, sofern die Häftlinge die befohlene Arbeit gut und in raschem Tempo ausführten.

VERFAHRENSPROTOKOLLE UND BERICHTE AUS HOLLÄNDISCHEN TAGESZEITUNGEN ÜBER PROZESSE NIEDERLÄNDISCHER GERICHTE GEGEN WACHMÄNNER

Aus der Vernehmung von C. D. am 3. Mai 1948.

„Protokoll contra W. F. Gerbsch":

Wir haben ihm den Spitznamen Ome Keesje gegeben. Er war ein kurzer, untersetzter Kerl, dunkles Aussehen, dunkler Schnurrbart und glich einem Bauern. Er schlug und trat die Häftlinge, wo er sie nur treffen konnte, ohne irgendeinen Anlass. Seiner Meinung nach gab es selbstverständlich immer einen Anlass, wäre es auch nur, dass wir nicht tüchtig arbeiteten. Betrachten wir, hinsichtlich der Umstände, die Sache objektiv, dann hat es keinen einzigen Grund gegeben, die wehrlosen Häftlinge zu verprügeln. Wenn er schlug, dann schlug er hart und gnadenlos zu. Ich habe das selbst, als ich von ihm geschlagen wurde, zu spüren bekommen.

Auch habe ich gesehen, dass er mehrmals andere Häftlinge geschlagen hat. Einmal stand er, Ome Keesje, mit einem seiner Kollegen in meiner unmittelbaren Nähe, und ich hörte, wie sie darüber sprachen, wer den von ihnen auserwählten Häftling totschlagen würde. Name und Staatsangehörigkeit des hier erwähnten Häftlings sind mir unbekannt. In jener kurzen Zeit, die ich im Lager zubrachte, habe ich gesehen, dass Häftlinge zu Tode geprügelt worden sind, doch ich kann nicht sagen von wem, weil ich, wie ich schon erwähnte, keine Namen weiß. Seiner Mentalität gemäß wäre Ome Keesje dazu fähig gewesen, einen Häftling totzuschlagen. Er war der Schrecken vom Lager, und ich habe ihn damals als den größten Verbrecher und Sadisten der deutschen Wachmannschaft kennengelernt. Wie ich später erfuhr, waren alle deutschen Gefangenenaufseher mehr oder weniger Verbrecher, die von den Nazis freigelassen waren, um diesen Job zu übernehmen. Ich bin mir aber nicht sicher, ob das stimmt. Wohl weiß ich, dass es Unmenschen waren. Jede Menschlichkeit war ihnen fremd. Wir erlitten in jeder Hinsicht eine unmenschliche Behandlung.

Über jene anderen Gefangenenaufseher erklärte A. F. van D.: Ich wurde 1944 Ende Juni verhaftet, von Beruf bin ich Arbeiter in einer Lagerhalle. ‚Sparschuh' war sowohl Henker wie Sadist, von ihm wusste jeder, dass er immer drauflos schlug. Beim Geringsten wurden uns gnadenlos Fußtritte versetzt. Ich habe beobachtet, wie er einen Russen so in den Bauch getreten hat, dass er an den Folgen starb. Von Pabst ist bekannt, dass er während des Appells viel geschlagen hat. Er war dann mit einem Ochsenziemer bewaffnet. Auch von Reuter ist bekannt, dass er viel schlug. Ich weiß, dass er während des Appells links und rechts von mir Häftlinge verprügelte. Auch hetzte er oft seinen Hund auf die Häftlinge. Mehrmals habe ich beobachtet, dass Häftlinge von dem Hund gebissen worden sind. De Ronda hat sich ebenfalls der Misshandlung von Häftlingen schuldig gemacht. Von den vorgenannten drei Personen ist mir aber nicht bekannt, ob sie Häftlinge totgeschlagen haben. Regelmäßig ergab sich folgendes: Wenn wir von einem Wärter verprügelt wurden, kriegten wir von einem anderen noch eine schlimmere Tracht dazu. Infolge der Misshandlungen und der Unterernährung sind viele Häftlinge gestorben, darunter gab es etliche Niederländer. Wir hatten den ganzen Tag zu schuften und erlitten schlimme Misshandlungen, während wir zu wenig an Essen erhielten.

Tageszeitung „Het Paroll" vom 13. Oktober 1947:

Gegen „Amsterdamse Lou" die Todesstrafe verhängt

Wir können berichten, dass gegen J. L. Kiesouw, genannt Amsterdamse Lou, der in den Lagern Zöschen und Schafstädt Vorarbeiter war und dort viele seiner Mitgefangenen geschlagen hat, die Todestrafe verhängt wird.

Kiesouw sagt, er sei Arbeiter gewesen und ist jetzt siebenundzwanzig Jahre alt. Er versteht nicht, dass man ihn in Holland wieder festgenommen hat. In Deutschland war er freigelassen worden. Die Holländer, die bei einer Razzia in Velsen und Jimuidn festgenommen wurden und in den Schafstall zu Schafstädt gekommen waren, haben ihn nicht vergessen.

Der erste Zeuge ist der damals zweiundzwanzigjährige Brunot: ‚Sein Verhalten gegen uns war grausam. Er schlug immer mit dem Spatenholz zu. Wer nicht mithalten konnte, wer nicht schnell genug die Steine vom Wagen herunterbrachte, wer unter seiner Kleidung eine Zuckerrübe versteckte, wurde von ihm geschlagen. Einen Häftling, den wir Wilhelm nannten und der krank war und nicht mehr laufen konnte, hat er dermaßen mit Stockschlägen angetrieben, dass er eine Stunde später verstarb. Auch ein anderer Häftling, der infolge der

Entbehrungen im Lager schon schwer erkrankt war, wurde von ihm so sehr geschlagen, dass er daran starb.'

,Wurden Sie selber auch von ihm geschlagen?' fragte der Präsident.

Antwort:,Ich bekam Schläge auf den Kopf, so dass ich das Bewusstsein verlor und hingefallen bin.'

,Kann man Narben sehen?' fragte daraufhin Kiesouw.

Brunot schüttelte den Kopf.

Kiesouw sagte: ,Unter Misshandlungen verstehe ich nur, wenn ich jemanden so geschlagen habe, dass man noch die Folgen sieht.'

Der sechsundzwanzigjährige Zeuge Kunst berichtete, dass Kiesouw einen seiner Kameraden nach draußen gehen ließ und ihn zwang, sich auszuziehen. Kiesouw hat ihn dann mit kaltem Wasser übergossen. Kurze Zeit später ist der Mann gestorben.

Kiesouw antwortete: ,Alles Unsinn! Wir hatten in Schafstädt nicht einmal Wasser zum Waschen.'

Der einundzwanzigjährige Fram Korf erzählte, dass einer der kranken Kameraden nach Kiesouws Prügeln weggetragen wurde. Als man ihn ins Bett legen wollte, war er schon tot. Kiesouw antwortete: ,Das alles ist ein einziges Komplott gegen mich.'

Der Präsident fragte: ,Wie sind Sie eigentlich ins Lager gekommen?' Aus den Unterlagen geht hervor, dass er einen Kohlenofen aus einem von Juden verlassenen Haus gestohlen hat. In seinem Strafregister stehen mehrere Diebstähle. Mit siebzehn Jahren war er bereits im Gefängnis. Der Staatsanwalt sagte im Schlusswort: ,Es steht fest, dass drei Leute an Kiesouws Prügeln gestorben sind.'

Das Sondergericht in Amsterdam hat die Todesstrafe ausgesprochen gegen den siebenundzwanzigjährigen Amsterdamer J. L. Kiesouw, der als Führer eines Außenkommandos des Lagers Zöschen seine Mitgefangenen auf eine Art geschlagen hat, dass sie an den Folgen gestorben sind.

Tageszeitung „Het Parol" vom 12. Mai 1948:

Sondergericht von Amsterdam verurteilt den ersten Deutschen

Zum ersten Mal hat das Sondergericht einen Deutschen zur Verantwortung gezogen, den achtundfünfzig Jahre alten W. Gerbsch aus Schwerin. Er war Lagerbewacher in Zöschen und hat die Gefangenen, unter ihnen viele Holländer, schwer geschlagen, so dass mehrere an ihren Verletzungen gestorben sind. Die holländischen Gefangenen nannten ihn ‚Onkel Keesje', und er sah ihm dann auch ähnlich. Gerbsch war ein kleiner Mann mit großem Schnurrbart, schwarzen Haarlocken und kleinem Gesicht.

Er verstand kein Wort Holländisch und sprach Deutsch mit polnischem Akzent. Der Dolmetscher übersetzte ihm wörtlich und der Präsident J. M. van Hamel sprach gelegentlich Deutsch mit ihm. Gerbsch zeigte sich völlig unbeteiligt. Auf alle Beschuldigungen antwortete er mit Nein, ohne weitere Erklärungen abzugeben. Er ist ein Fischhändler aus Schwerin und zeigte dem Gericht die Fotos von seiner Frau und seinen Kindern. Nach der Befreiung war er von ein paar Holländern an die Amerikaner ausgeliefert worden.

Acht Zeugen aus dem Lager konnten berichten, wie er sich aufgeführt hat. Er schlug den ganzen Tag, wo er nur konnte. Der Amsterdamer Peet wurde von ihm so geschlagen, dass er ein paar Tage später starb. Peet hatte versucht zu flüchten, da seine Frau ihm nachgereist war und ihn in Zöschen besuchen wollte. Peet wurde jedoch entdeckt und zur Strafe mußte er schwere Schubkarren einen Hügel hinauffahren. Mehrere Male fiel er zu Boden, aber Gerbsch schlug ihn so lange mit seinem Gummiknüppel, bis er wieder aufstand. Gerbsch antwortete: ‚Geschlagen habe ich, ja, aber ich habe ihn nicht totgeschlagen.'

Alle Zeugen waren sich darin einig, dass Gerbsch der Schlimmste unter den Bewachern gewesen ist. Der Anwalt sagte, er sei ein normaler Deutscher, der aber, wenn er Macht erhält, nicht davor zurückschreckt,

Nicht länger im „Gras des Vergessens: Eine der Häftlingsbaracken.

sie auch zum Totschlag zu gebrauchen. Er verdiene eine sehr schwere Strafe, auch weil das deutsche Volk nach dem Ersten Weltkrieg nicht begriffen zu haben scheint, dass Rechtsbeugungen endlich aufhören müssen. Der Verteidiger meinte, dass das Sondergericht nicht einen Deut-schen verurteilen kann, der seine Verbrechen außerhalb der holländi-schen Landesgrenzen begangen hat.

Unbekannte Amsterdamer Tageszeitung vom 11. Mai 1948:

Todesstrafe gegen „Henker" von deutschem Lager

Gerbsch war der erste Deutsche, der sich in Holland wegen strafbarer Handlungen, die in Deutschland an Holländern verübt wurden, verantworten musste (außergewöhnliches Strafrecht). Der Verteidiger verneinte in einem ausführlichen Plädoyer, dass ein holländisches Gericht in diesem Fall befugt sei, ein Urteil zu sprechen. Gerbsch ist ein kleiner Mann mit einem großen Schnurrbart. Man könnte ihn für einen harmlosen Schuster halten. Zehn Zeugen erklärten übereinstimmend, dass Gerbsch einer der schlimmsten Schläger im Lager war. Wie ein Verrückter schlug er ohne Anlass mit dem Gummistock auf Köpfe und Rücken der Häftlinge ein. Gerbsch gab zu, geschlagen zu haben. Die Beschuldigung, seine Prügel hätten zum Tode geführt, wies er von sich.

Unbekannte Amsterdamer Tageszeitung vom 12. Mai 1948:

Todesstrafe gegen den „Henker" vom Lager Zöschen

Nach der übereinstimmenden Aussage der holländischen Zeugen war Gerbsch der durchschnittliche Typ eines deutschen Bewachers. Den Gummiknüppel und die Peitsche hantierte er mit der selben Abgeklärtheit und Selbstverständlichkeit wie ein Schreiber seinen Federhalter. Einige Zeugen berichteten von Misshandlungen an einem Amsterdamer, der daran gestorben ist. Andere Zeugen erzählten von den Geschehnissen um Gerard Koch. Als Gerbsch ihn niedergeschlagen hatte, sagte er zu einem der Häftlinge: ‚Leg ihn gleich in einen Sarg, der geht sowieso hops!' Später, als Gerbsch verschwunden war, haben die Holländer den noch lebenden Koch aus dem Sarg herausgeholt. Fünf Tage später ist er dann doch gestorben. Gerbsch bestritt, dafür verantwortlich zu sein. Der Richter: ‚Ich habe mich oft selbst gefragt, wie eine solche Person mit einer doppelten Seele, wie man sie bei Deutschen oft beobachtet, möglich ist. Dass sie einerseits prima Hausväter sind, die voll in ihrer Familie aufgehen, und dann andererseits die gemeinsten Schlägereien begehen. Ich glaube, dass das zurückzuführen ist auf einen Amoralismus, der den Seelen dieser Menschen von oben aus eingetrichtert worden ist. *(Alle deutschen Übersetzungen von Herrn Strube, Amsterdam. Der deutsche Wachmann Friedrich Wilhelm Walter Gerbsch, geboren am 11. März 1890 in Schwerin, wurde im Wiederaufnahmeverfahren vom 5. April 1950 vom Landgericht Rotterdam zu acht Jahren Gefängnis verurteilt.)*

Reichsgesetzblatt 1938, Teil 1, Nr. 170, vom 15. Oktober 1938: „Dritte Verordnung zur Sicherstellung des Kräftebedarfs für Aufgaben von besonderer staatspolitischer Bedeutung (Notdienstverordnung)"

§ 1

1) Zur Bekämpfung öffentlicher Notstände können Bewohner des Reichsgebietes zu Notdienstleistungen herangezogen werden.

2) Notdienstleistungen werden von den Behörden zur Erfüllung einer hoheitlichen Aufgabe gefordert.

§ 2

Der Beauftragte für den Vierjahresplan bestimmt im Benehmen mit dem Reichsminister des Innern die Behörden, die Notdienstleistungen fordern können.

§ 3

...2) Langfristiger Notdienst liegt vor, sobald die Beschäftigung hauptberuflich erfolgt und länger als drei Tage dauert.

3) Das Beschäftigungsverhältnis im Notdienst kann nur von der Behörde gelöst werden, die den Notdienstpflichtigen herangezogen hat.

§ 4

1) Wer zum langfristigen Notdienst herangezogen werden soll, ist dem Arbeitsamt von der anfordernden Behörde namhaft zu machen.

§ 5

1) Notdienstpflichtige, die bei Beginn des Notdienstes in einem Beschäftigungsverhältnis stehen, sind für die Dauer des Notdienstes zu beurlauben. Das Beschäftigungsverhältnis darf wegen Heranziehung zum Notdienst nicht gekündigt werden.

Berlin, den 15. 10. 1938

Der Beauftragte für den Vierjahresplan

gez. Göring

Reichsblatt, Jahrgang 1939, Teil 1, vom 8. Juli 1939: Bekanntmachung der Behörden, die Notdienstleistungen fordern können

Ich bestimme, dass folgende Behörden Notdienstleistungen fordern können.

1) Die staatlichen Polizeiverwalter

2) Die unteren Verwaltungsbehörden

Berlin, d. 8. 7. 39

Der Beauftragte für den Vierjahresplan

gez. Göring

Schreiben von Dr. Schaumburg, Leuna, an Filmfabrik Wolfen vom 29. Juni 1942

Das Arbeitserziehungslager, das zur Unterbringung von 160 arbeitsunwilligen Elementen eingerichtet wird, wird in der Nähe unseres Werks in Spergau gebaut und voraussichtlich in der ersten Hälfte des Juli in Betrieb genommen. Für dieses Lager muss eine ausreichende Bewachung vorhanden sein, wozu nach Aussagen der Geheimen Staatspolizei etwa 20 Wachmänner gestellt werden müssen. Die Geheime Staatspolizei ist von sich aus nicht in der Lage, geeignete Männer dafür zu stellen, hat vielmehr uns aufgefordert, diese Wachmänner aus unserem bezw. anderen solchen Betrieben zu stellen, die in Zukunft ihre arbeitsunwilligen Elemente in das AEL entsenden werden. Das Lager wird auf unsere Kosten gebaut. Wir übernehmen auch die Einrichtung und die Verpflegung der Leute, sind aber nicht in der Lage, das gesamte Wachpersonal von 20 Mann zu stellen. Wir wenden uns deshalb an Sie mit der Bitte, uns dabei behilflich zu sein. Da voraussichtlich auch aus Ihrem Betrieb arbeitsunwillige Elemente entsandt werden, glauben wir, dass Sie sich entschließen werden, uns darin zu unterstützen, und wenigstens einen geeigneten Wachmann, möglichst Angehörigen der SS dazu abzustellen.

Diese Wachmänner müssen für die Zeit ihrer Arbeitsleistung in diesem AEL in die Geheime Staatspolizeistelle abgestellt werden, sie bleiben aber Angehörige Ihres Betriebes. Die Löhne oder Gehälter dieser Leute werden Ihnen von uns zurückvergütet. Die Männer werden auf unsere Kosten im Lager untergebracht und verpflegt. Die Einkleidung (SS-Uniform: Stiefel, Hose, Rock, Mütze, Koppel, Waffe und Mantel) wird von der Geheimen Staatspolizei gestellt. Wir bitten, die Bekleidungsgrößen des von Ihnen abgestellten Mannes anzugeben. Wir wären Ihnen außerordentlich dankbar, wenn Sie uns geeignetes Wachpersonal zur Verfügung stellen könnten.

Bericht des Dr. Buergin, Bitterfeld, vom 26. Juni 1943,
betrifft: Arbeitstagung der Abwehrbeauftragten im Bereich der Staatspolizeistelle Halle
Am 24. 6. 43 fand in Halle eine Arbeitstagung der politisch-polizeilichen Abwehrbeauftragten der Sicherheitspolizei statt. Es waren etwa 200 Abwehrbeauftragte anwesend. Von den mitteldeutschen IG-Werken waren vertreten: Wolfen-Film, Wolfen-Farben, Leuna, Schkopau, Bitterfeld. Zur Bekämpfung der Arbeitsflucht der Ausländer sei ein Arbeitserziehungslager in Spergau eingerichtet worden, das bereits sichtbare Erfolge zeitigte. Es fehlt hier an Bewachungsmannschaften. Die größeren Industriewerke werden daher gebeten, möglichst je einen Werkschutzmann für dieses Lager abzustellen. Aufforderung erfolgt durch Rundschreiben.

Aus dem Protokoll über das ehemalige Erziehungslager der Elbe AG in Piesteritz vom 11. März 1964
Da die SS abgezogen werden sollte, wurden deutsche Arbeiter für den Wachdienst bestimmt. Die Werksdirektion bestimmte zwei Mann aus dem Gummiwerk und einen Mann aus dem Stickstoffwerk und

schickte sie zur Gestapo. Dort erfuhren die Abkommandierten, dass sie am nächsten Tag nach Spergau, bei Halle, zu einem dreiwöchigen Lehrgang fahren sollten. Der Lagerleiter von Spergau erklärte den drei Abgeordneten aus Piesteritz nach der Einkleidung, dass sie nun dem Sicherheitsdienst angehörten. Danach hatten sie einen Vertrag zu unterschreiben, dass sie bei freiwilligem Ausscheiden das Lager innerhalb von 24 Stunden verlassen müssten. Die Dienstzeit betrug zehn Stunden, von 6:00 Uhr bis 16:00 Uhr. Jeder Wachmann hatte zehn Häftlinge zu beaufsichtigen, der Arbeitswilligkeit und Fleiß jeden Abend gemeldet werden mussten. An einem Dienstag mußten die Lagerinsassen antreten und zusehen, wie ein Häftling erhängt wurde. Der Wachmann Rothert, aus Piesteritz, meldete sich daraufhin krank. Es gelang ihm, aus dem Wachdienst auszuscheiden und nach Wittenberg zurückzukehren. Darauf wurde seine U.-K.-Stellung aufgehoben und er wurde zur deutschen Armee einberufen.

Aktenvermerk vom 29. September 1944,
betrifft: Arbeitserziehungslager
Der Unterzeichnete hat sich mit dem Leiter des Arbeitserziehungslagers Unterstumführer Winter in Verbindung gesetzt und um Stellungnahme gebeten, warum wir die bei uns bisher beschäftigten 70 Häftlinge nicht weiter erhalten können. Herr Winter erklärte, dass der Stab Geilenberg, jetzt Leuna-Werke, es untersagt hätte, irgendwelche Häftlinge außerhalb der Leuna-Werke zu beschäftigen. Wenn wir gegen diese Maßnahme nichts unternehmen können, müssten wir doch in der Lage sein, unsere ins E.-Lager abgestellten deutschen Wachposten zurückzuschicken, da es sich hier ausschließlich um Vorarbeiter handelt. Herr Winter erklärte auf meine diesbezügliche Rückfrage, dass diese acht Mann notdienstverpflichtet seien. Dies ist jedoch nicht der Fall, da wir hiervon nicht benachrichtigt sind. Weitere Schritte wären zu unternehmen.

HOLLÄNDISCHE UND ANDERE TODESOPFER AUF DEM AUEFRIEDHOF IN ZÖSCHEN

AUFSTELLUNG DES BÜRGERMEISTERS DER GEMEINDE ZÖSCHEN VOM 10. OKTOBER 1945 ÜBER DIE GRÄBER:

51 Russen (in 39 Gräbern)

24 Tschechen (in 19 Gräbern)

71 Franzosen (in 60 Gräbern)

86 Italiener (in 68 Gräbern)

58 Polen (in 51 Gräbern)

108 Holländer (in 94 Gräbern)

23 Belgier (in 20 Gräbern)

2 Bulgaren (in einem Grab)

2 Serben (in 2 Gräbern)

1 Ungar (in einem Grab)

1 Grieche (in einem Grab)

4 Kroaten (in 4 Gräbern)

1 Engländer (in einem Grab)

1 Lette (in einem Grab)

2 Litauer (in einem Grab)

1 Jude (in einem Grab)

Insgesamt: 436 Tote

SCHREIBEN DES LANDRATS, KREIS MERSEBURG, VOM 21. JUNI 1946 AN DEN BÜRGERMEISTER IN ZÖSCHEN.

Betreff:: Fürsorge für die Gräber der Bürger der vereinten Nationen

Ich ersuche, für eine ordnungsgemäße Pflege der Gräber besorgt zu sein, insbesondere die Erkennungszeichen auf den Gräbern zu erhalten, so dass die Nummer des Grabes, Name, Vorname, Todesdatum und Nationalität des Verstorbenen zu erkennen ist.

Ich weise daraufhin, dass jede Umbettung von verstorbenen Bürgern der vereinten Nationen nach hier zu berichten ist. Die Angaben werden benötigt, um die hier geführten Karteien und Listen vollständig zu erhalten

Trotz ausführlicher Darlegung der Gründe über die Aussichtslosigkeit der Exhumierung der in Zöschen beerdigten unbekannten Toten hat die französische Gruppe des Kontrollrates die Exhumierung derselben nunmehr angeordnet. Wir bitten, die Exhumierung der auf dem Friedhof in der Aue in Zöschen beerdigten 23 Unbekannten und des im Grab Nummer 188 beerdigten Toten von dort aus in die Wege zu leiten. Das Exhumierungsprotokoll bitten wir uns vorzulegen.

Nach Holland zurück wurden die sterblichen Überreste von 95 Personen gebracht. In Zöschen zurück blieben 42 holländische Gräber. Über die Anzahl der französischen, italienischen und belgischen Exhumierten habe ich bisher keine Angaben gefunden. Die Exhumierungsprotokolle sind vom Bürgermeisteramt Zöschen an die Kreisverwaltung Merseburg geschickt worden.

Rechnung für die Exhumierung französischer, belgischer und holländischer Staatangehöriger auf dem Friedhof in der Aue in Zöschen am 13. und 14. 4. 1948

13. 4. 48: Gräber öffnen und Kistentransport. 83 Mann je 8 Stunden = 664 Stunden.

14 .4. 48 Gräber zuschaufeln. 36 Mann je 8 Stunden = 288 Stunden.

SCHREIBEN DES DIENST IDENTIFICATIE EN BERGING VOM 5. JUNI 1948 AN DEN BÜRGERMEISTER IN ZÖSCHEN

Ich muss Ihnen mitteilen, dass noch viele sterbliche Reste von Niederländern, die im Arbeitserziehungslager in Zöschen umgekommen sind, nicht aufgefunden worden sind. Außer der Liste von bereits ausgegrabenen sterblichen Resten von Niederländern, die ich beifüge, übersende ich Ihnen eine Aufstellung von allen noch ungeklärten Fällen. Ich bitte Sie, nochmals eine gewissenhafte Untersuchung durchführen zu wollen. Da es nicht ausgeschlossen ist, dass die Standesämter in Halle, Leipzig und anderen Orten Ihrer Umgebung noch über besondere Angaben verfügen, würde ich Ihnen raten, mit diesen in Verbindung zu treten. Vielleicht haben diese Ämter noch Unterlagen über das Lager Zöschen. Es ist vorgekommen, dass einige Tote, die auf der Gräberliste von Zöschen standen, woanders gefunden und exhumiert wurden, z. B. im Falle Petrus Mauven, der laut Angaben von Zöschen auf dem Friedhof in der Aue Grab 194 liegen sollte, dessen Urne jedoch in Halle gefunden wurde. Es ist darum notwendig, dass alle ungeklärten Fälle nochmals genau untersucht werden. In Zöschen fand ein großer Teil der Besten unseres Volkes den Tod. Die Angehörigen fordern, dass alles getan wird, um ihre Toten in ihr Vaterland zurückzubringen.

HANDGESCHRIEBENE ANMERKUNG DER GEMEINDEVERWALTUNG ZÖSCHEN (ANTWORT AUF DAS SCHREIBEN VOM 5. JUNI 1948)

Ich möchte bemerken, dass die uns noch verbliebenen Unterlagen über das E.-Lager nur teilweise vorhanden sind und wir deshalb nicht in der Lage sind, Ihre Fragen restlos zu beantworten. Auf dem Friedhof selbst sind noch sechs Gräber mit der Aufschrift P. LL vorhanden (nach unserer Meinung „Person unbekannt"). Dann sind im vergangenen Jahr auf Befehl des Kontrollrates elf Einzelgräber und ein Massengrab mit zwölf Mann mittendrin geöffnet worden, ohne auch nur ein Erkennungszeichen festzustellen. Über sonstige Einzelheiten können wir keine Auskunft geben, da in der damaligen Zeit der Zutritt zum E-.Lager und zum Friedhof strengstens verboten war.

Schreiben des Dienst Identificatie en Berging vom 22. November 1948 an den Bürgermeister von Merseburg, betreffend die Ruhestätten der Gebrüder Rietveld

Weil mir bekannt ist, dass die Familie immer wieder sich danach erkundigt, ob die Gräber ihrer Söhne noch nicht gefunden sind, weil sie so gerne ihre Söhne in die Heimat überführt haben möchte, möchte ich nichts unversucht lassen, den Eltern den Gefallen zu erweisen und bitten um eine genaue Überprüfung. Laut vorliegenden Unterlagen sollten die Daten sein: Rietveld, Johannes, geb. 12.10.1912, gest. 30.10.1944; Rietveld, Sander, geb. 13.3.1921, gest. 21.11.1944. Die Grabnummern sollten sein: Nr. 144 und 122. Bis jetzt ist es noch nicht gelungen, auf dem Standesamt Zöschen die richtigen Grablagen festzustellen. Es müsste vielleicht möglich sein, in Zusammenarbeit mit dem Standesamt Zöschen die genauen Grabstätten ausfindig zu machen.

Schreiben des Ministeriums der französischen Republik für Kriegsteilnehmer und Kriegsopfer vom 21. Dezember 1950 an den Bürgermeister in Zöschen

In der Anlage sende ich eine Liste über die auf dem dortigen Friedhof beerdigten holländischen Staatsangehörigen zurück, die einer der

Herren der Exhumierungskommission an sich genommen hatte. Die Liste enthält 149 Namen holländischer Häftlinge, die in Zöschen gestorben sind mit Angaben zu Namen, Vornamen, Geburtstag, Todestag und, soweit vorhanden, Grabnummer. 93 Personen wurden nach Holland zurückgebracht, 42 Personen sind in Zöschen verblieben, 14 Personen sind bei holländischen Behörden unbekannt.

DEN MENSCHEN ZUR MAHNUNG -
DIE WIEDERHERSTELLUNG DES ZÖSCHENER EHRENFRIEDHOFS

UNBÜROKRATISCHE WIEDERGUTMACHUNG.

RÜCKVERLEGUNG DES ZÖSCHENER EHRENFRIEDHOFES -

Die Zöschener Bürgermeisterin Edda Schaaf berichtet:

Alle, die das Gebiet des Luppe-Elster-Aue kennen, wissen, welche Zerstörung der Bergbau dieser Region brachte. Wälder, Wiesen, die Flutrinne mussten der Auskohlung weichen. Nicht einmal vor dem ca. zwei Kilometer von Zöschen entfernt liegenden Ehrenfriedhof des zu Kriegszeiten in diesem Ort befindlichen E-Lagers machte die Kohle halt.

Die Toten wurden exhumiert, die Leichenreste verbrannt und in Urnen wieder beigesetzt. Als neuen Standort für den Friedhof wählte man, makabrerweise, den Dorfplatz von Zöschen.

Jeder Protest dagegen verhallte ungehört. Selbstverständlich trug das Braunkohlenkombinat die Kosten für die Umlagerung des Friedhofes und seines Denkmales.

Jedes Mal, wenn ich am Dorfplatz vorbeiging, ärgerte es mich, dass spielende Kinder auf dem Gelände ihr Unwesen trieben. Wer konnte es ihnen aber verdenken, ein Dorfplatz ist und bleibt nun mal Treffpunkt und Zentrum eines Dorfes.

Mit der Wende 1989 kam auch das Ende der Auskohlung für die Luppe-Elster-Aue. Das Gelände des ehemaligen Ehrenfriedhofes blieb am Rande des Tagebaues unversehrt. Was lag da wohl näher, als Kontakt mit dem, nun MIBRAG genannten, Braunkohlenkombinat aufzunehmen und es beim Wort zu seinem Versprechen der Rekultivierung der Aue zu nehmen. Nach kurzer schriftlicher und mündlicher Absprache zwischen der Gemeindeverwaltung Zöschen und Herren der MIBRAG war eine schnelle Lösung unseres Problems

DIESER ORT MAHNT
AN DIE SCHANDTATEN
DES FASCHISMUS
ETWA
500 ZWANGSARBEITER
DES DAMALIGEN KZ
LAGERS ZÖSCHEN WUR·
DEN VON DEN NAZIS·
ERMORDET ZU TODE GE·
PEINIGT GEQUÄLT GEHETZT

UND GESCHUNDEN
BELGIER·BULGAREN·
DEUTSCHE·ENGLÄNDER·
FLAMEN·FRANZOSEN·
GRIECHEN·HOLLÄNDER·
ITALIENER·KROATEN·
POLEN·SERBEN·
SLOWAKEN·SOWJETBÜRGER·
TSCHECHEN·UNGARN
LIEGEN IN DIESER ERDE
FLUCH IHREN MÖRDERN
DEN TOTEN ZU EHREN

DEN MENSCHEN ZUR
MAHNUNG DEN
FEINDEN DER MENSCHHEIT
ZUR EWIGEN SCHANDE

Memorial auf der Gedenkstätte Auefriedhof: „Den Menschen zur Mahnung, den Feinden der Menschheit zur ewigen Schande".

gefunden. Das Zauberwort hieß ABM. Seit September dieses Jahres werkelten die ABM-Kräfte der Kohle in der Aue, suchten immer wieder das Gespräch mit der Gemeinde und brachten schließlich mit viel Engagement und guten Ideen den Ehrenfriedhof an seinen Ursprung zurück - Rekultivierung der Aue mit ABM-Kräften, die sinnvoll und beispielhaft ist. Am Donnerstag, dem 29.12.1991, wurden ich, als Bürgermeisterin der Gemeinde Zöschen, sowie Mitglieder der Gemeindevertretung eingeladen, um den rekonstruierten Ehrenfriedhof offiziell zu übernehmen. Trotz strömenden Regens gab es eine kurze Einweihungsrede seitens der Verantwortlichen für diese ABM sowie Dankesworte der Gemeinde Zöschen für die schnelle, unbürokratische Wiedergutmachung.

Ich denke, die ehemaligen Gefangenen und deren Angehörige werden es uns danken, dass wir uns auch mit den unrühmlichen Seiten der deutschen Geschichte auseinandersetzen, indem wir ihre Zeitzeugen bewahren.

AUSZÜGE AUS EINER REDE DES CDU-LANDTAGSABGEORDNETEN CORNELIUS NÄGLER VOM 28. MAI 1995

Das Jahr 1995 steht im Zeichen des Gedenkens an das Kriegsende vor 50 Jahren und damit der Befreiung der unrechtmäßig inhaftierten Kinder, Frauen, und Männer, die in Konzentrations- und Arbeitserziehungslägern unschuldig büßten und ihr Leben lassen mussten.

Auch in unserem Land richten sich die Gedanken erneut auf dieses Jahr, das die Grausamkeit und Unmenschlichkeit der Naziherrschaft auf eine letzte Höhe trieb, bevor es den Weg für die Suche nach einem Neuanfang der Völker freigab. Es sind furchtbare Bilder, die uns Älteren, welche die Zeit miterlebten, in der Erinnerung vor Augen treten und im Rückblick das ganze Ausmaß des Schreckens deutlich machen. (...) Infolge des territorial voranschreitenden Kohleabbaus in der hiesigen Region wurde das ehemalige E-Lager Zöschen und sein Ehrenfriedhof auf den Dorfplatz verlegt. Nach Beendigung der Auskohlung kam der Friedhof nach der Wende auf seinen früheren Standort - hierher - zurück. Hier ruhen in Frieden noch 126 Häftlinge dieses Lagers, das von den Überlebenden als besonders furchtbar geschildert wird.

Die Amerikaner befreiten die Häftlinge aus dem Lager. Dadurch war die Möglichkeit, ja die Notwendigkeit gegeben, schnellstens Kontakte zu den Einwohnern der naheliegenden Gemeinden, unter anderem eben hier in Zöschen, zu suchen. Vielleicht noch im Zwiespalt der zwischen Misstrauen und Sachlichkeit wechselnden Stimmungen, entwickelten sich erste zivile Kontakte, zum Beispiel zu den Familien Hauptmann, Hofmann, Bleul und Zschäpe. Bis auf den heutigen Tag haben sich solche Verbindungen erhalten und gefestigt. In diesen entscheidenden Minuten war für die ehemaligen Häftlinge erkennbar, dass nicht alle Deutschen Nazis sind. Jenen Familien und Einzelpersonen, die den befreiten Häftlingen halfen, in ihrer wiedergewonnenen Freiheit Fuß zu fassen, gilt ein Wort des Dankes. (...)

Das Nazi-Regime hatte die deutsche Nation durch seine völkerfeindliche, gezielte Kriegspolitik in den Ruf gebracht, durch und durch verbrecherisch zu sein. Das belastete uns Deutsche jahrzehntelang und schadete uns, weil auch nach dem Krieg Zweifel an der Glaubwürdigkeit unseres Volkes immer wieder das Vertrauen zu anderen Völkern untergruben. Dieses Vertrauen zurückzugewinnen, trägt auch die Aufarbeitung der Geschichte des Lagers Zöschen bei. Seit einiger Zeit macht sich Frau Edda Schaaf, Bürgermeisterin a. D., darum besonders verdient, ebenso wie das vom Diakon der katholischen Kirche Merseburg, Janisch, geführte „Team Jugend forscht" und die Schülerinnen und Schüler der Sekundarschule Zöschen.

Unbegreiflich ist allerdings die Tatsache, dass das DDR-Regime den überlebenden Häftlingen die Einreise zum Besuch dieser heute historischen Stätte verweigert hat, obwohl gerade diese Gesell-schaftsordnung den Kampf gegen den Nationalsozialismus und den Kampf gegen die Ausbeutung des Menschen durch den Menschen predige. Auch deshalb darf das heute wiedervereinte Deutschland die Jahre 1933 bis 1945 nicht einfach als einen Teil der Geschichte abtun, sondern muss sie in Demut, Würde und Reue allumfassend in der öffentlichen Diskussion halten (...).

Wenden wir uns gemeinsam und energisch gegen neu aufbrechende Gewalt aus den verschiedensten ideologischen Richtungen. Im gemeinsamen Europa muss es zur Selbstverständlichkeit werden, mit Menschen anderer Sprachen, anderen Aussehens, anderen Glaubens, anderer Kultur- und Lebensgewohnheiten friedlich und vertrauensvoll miteinander zu leben.

ANSPRACHE VON FRAU EDDA SCHAAF AM 27. MAI 1996

Den Toten zu Ehren, den Lebenden zur Mahnung - mit diesem Sinnspruch, nachzulesen auf dem Gedenkstein dieses Ehrenfriedhofes, begrüße ich Sie herzlich. Bereits zum fünften Mal nach der Wende im Osten Deutschlands und nach Rückverlegung des Ehrenfriedhofes an seinen ursprünglichen Platz haben wir uns hier zusammengefunden, um der mehr als fünfhundert Opfer des E-Lagers Zöschen zu gedenken. Sie starben unter unsäglichen Qualen, mussten durch deutsche Nazi-Schergen unendliches körperliches und seelisches Leid ertragen.

Ich denke, alle, die heute mit uns hier weilen, sind sich darin einig, dass so etwas nie wieder passieren darf. Als im Jahre 1992 der Ehrenfriedhof an diesem idyllischen Ort in der Aue wieder eingeweiht wurde, zitierte ich Brecht: „Ein Volk, das seine Vergangenheit nicht kennt, hat kein Recht auf seine Zukunft".

In der letzten Zeit gab es eine intensive Auseinandersetzung mit der Geschichte des E-Lagers in Zöschen: Unter dem Motto „Jugend

Der Auefriedhof in Zöschen.

forscht" trug die katholische Kirche umfangreiche Materialien über das Lager zusammen. Im Moment befasst sich Martin Pabst, der heute auch unter unseren Gästen ist, mit diesem dunklen Kapitel in der Geschichte von Zöschen. Über die Anfänge des Lagers in Spergau ist bereits ein Buch veröffentlicht, ein Buch über das Erziehungslager in Zöschen wird in Kürze folgen. Es ist gut, dass es noch Zeitzeugen gibt. Sie können mit dazu beitragen, dass vor allem unsere Jugend Geschichtsbewusstsein entwickelt.

Es waren Menschen wie du und ich, die in Zöschen ihr Leben lassen mussten, und Freiheit und Heimat nie wieder sahen. Für sie und stellvertretend für alle die unter Diktaturen leidenden Menschen wollen wir nun an dieser Gedenkstätte unsere Kränze niederlegen und danach in einer Schweigeminute der Opfer gedenken.

Der Ruf nach moralisch-ethischen Autoritäten wird lauter. Es braucht Institutionen, die deutlich sagen, was getan werden soll, die an das Gewissen der Menschen appellieren, die tragende Werte für die Zukunft bereithalten. Es braucht dringend solcher Menschen, solcher Bewegungen, solcher Organisationen und Strukturen, auf die man hört und denen man trauen kann. Aber wer kann denn heute definitiv und nachhaltig solche moralischen Werte vermitteln? Da sind die Propheten mit treffenden Analysen und mahnenden Sätzen. Auf die hat man aber schon zu ihren Lebzeiten nicht so gerne hören wollen.

Sacharja weiß ein Lied davon zu singen. Es soll nicht durch Kraft oder Heer geschehen, sondern durch meinen Geist, spricht der Herr Zebaoth, sagt Sacharja. Wenn wir doch mehr das Vergangene bewahren und aufarbeiten würden, wenn wir doch nicht so perfekt im Verdrängen von Schuld und menschenverachtenden Taten wären, dann könnte uns wohl auch Sacharja etwas helfen mit seinem Satz.

Der Anlass dieses Gottesdienstes und Nachmittags heute führt uns in einen solchen Versuch, Vergangenes nicht zu verdrängen, sondern aufzuarbeiten. Dies geschieht vor allem, um den Opfern gerecht zu werden, wenn das überhaupt möglich ist, die in Zöschen kurz vor Ende des II. Weltkrieges ihr Leben lassen mussten. Ein ganzes Netz von Arbeitslagern um die beiden großen Chemiestandorte hat damals existiert und schon allein die verhöhnende Bezeichnung E-Lager, das heißt Erziehungslager, war eine Demütigung für die vielen unschuldigen Menschen aus zahlreichen Ländern Europas. Ganz zu schweigen von den Methoden der Behandlung, vom brutalen Umgang des Wachpersonals. Allein der Gedanke, dass damals ganz normale, rechtschaffene Menschen, Angehörige des Werkschutzes, von der SS angeworben oder einfach umgesetzt und angewiesen wurden, die Gefangenen zu bewachen. Wie schnell wurde da ein unbeteiligter, bislang friedfertiger Mensch zur Bestie, nur um seine Arbeit, um seine Existenz und vielleicht um ein bisschen Lohnerhöhung zu sichern. Nicht der Geist Gottes hatte da die Oberhand, sondern Heer und Kraft, Gewaltbereitschaft und der primitive Glaube, dass es Menschen gäbe, eben die Gefangenen der E-Lager, die zweiter Klasse wären und deshalb nicht hart genug behandelt werden könnten.

Wir unternehmen diesen Versuch der Aufarbeitung des Vergangenen aber auch um der Menschen willen, die damals heimlich und unter Androhung von Strafe, den Gefangenen geholfen und in menschlicher Hinsicht beigestanden haben, ihnen etwas zu Essen zugesteckt oder wenigstens eine Geste mitmenschlicher Achtung zuteil werden ließen. Das war keine organisierte Bewegung, es geschah spontan immer dann, wenn sich eine Gelegenheit ergab, das Wachpersonal irgendwie auszutricksen.

Diese Bewohner, unsere damaligen Mitbürger von Zöschen, waren keineswegs immer fromme gottesfürchtige Menschen, aber der Geist Gottes geschah in und mit ihrem Tun. Das kann uns Hoffnung geben und Mut machen, wenn wir uns einem weiteren Aspekt zuwenden im Versuch, das Vergangene aufzuarbeiten, und zwar im Blick auf künftige Generationen. Kann uns das Vergangene davor bewahren, dass es zu Wiederholungstaten kommt, in welcher Form auch immer?

Da sind die ersten besorgniserregenden Ansätze, die uns alle beunruhigen müssen. Wer sich unter den Jugendlichen ausdrücklich vom rechtsextremen Gedankengut distanziert, läuft Gefahr, anzuecken. In manche Diskothek dringt der Einfluss von Gewaltbereitschaft.

Wir brauchen die gemeinsame Anstrengung von Christen und Nichtchristen, von Menschen, die das Vergangene, das Geschehene nicht vergessen. Wir brauchen das Zusammenwirken von Menschen, die mit gutem Willen und im Miteinander eine friedliche und menschenachtende Gesellschaft entwickeln. Wir brauchen diesen Geist Gottes, der nicht mit Heer und Kraft, sondern mit Liebe und Toleranz, mit Verständnis und Achtung in uns gegenwärtig wird.

BRIEF FRANS BUSSCHERS VOM 30. MAI 1997 AN DEN AUTOR

Wenn ich daran denke, wie ich im Frühling 1990 zum ersten Mal nach 47 Jahren die Stelle besuchte, wo die SS die Toten des Lagers begraben hat und wie der Ehrenfriedhof jetzt aussieht, dann denke ich an das, was die damalige Bürgermeisterin Edda Schaaf gesagt hat: „Ein Volk, das seine Vergangenheit vergessen will, hat kein Recht auf eine Zukunft". Alle holländischen Gäste waren voll Dankbarkeit auch für den freundlichen Empfang in Zöschen. Neue Freundschaften sind zwischen Deutschen und Holländern entstanden. Herr Busschers und Frau aus Enschede, Herr Epskamp und Frau aus Terneuteren, Herr Hooghois und Frau aus Amersfoort, Herr Bosmar und Frau aus Zwaagroestein, Herr Schoo und Frau aus Beverwijk.

ERLASS ZUR ERRICHTUNG VON ARBEITSERZIEHUNGSLAGERN, 28. MAI 1941
Der Reichsführer SS und Chef der Deutschen Polizei im Reichministerium des Innern. *Betr. Errichtung von Arbeitserziehungslagern.*

Mit dem verstärkten Arbeitseinsatz von Ausländern und anderen Arbeitskräften in wehr- und volkswirtschaftlich wichtigen Betrieben mehren sich die Fälle von Arbeitsverweigerungen, denen im Interesse der Wehrkraft des deutschen Volkes mit allen Mitteln entgegengetreten werden muß. Arbeitskräfte, die die Arbeit verweigern oder in sonstiger Weise die Arbeitsmoral gefährden und zur Aufrechterhaltung der Ordnung und Sicherheit in polizeilichen Gewahrsam genommen werden müssen, sind in besonderen Arbeitserziehungslagern zusammenzufassen und dort zu geregelter Arbeit anzuhalten. Die Arbeitserziehungslager sind ausschließlich zur Aufnahme von Arbeitsverweigerern und arbeitsunlustigen Elementen, deren Verhalten einer Arbeitssabotage gleichkommt, bestimmt. Die Einweisung verfolgt einen Erziehungszweck, sie gilt nicht als Strafmaßnahme und darf als solche auch nicht amtlich vermerkt werden.

I.

Errichtung der Lager

(1) Zur Errichtung der Lager sind ausschließlich die Inspekteure (Befehlshaber) der Sicherheitspolizei und des SD zuständig, die auch die Art des Arbeitseinsatzes bestimmen. Sie können jedoch eine Staatspolizei(leit)stelle ihres Bereichs mit der Errichtung beauftragen. Die wirtschaftliche Betreuung des Lagers ist in jedem Falle einer Staatspolizei(leit)stelle zu übertragen.

(2) Die Errichtung des Lagers erfolgt auf Reichskosten oder durch Anmietung bzw. Anpachtung geeigneter Räume und Baracken. Bei

der Auswahl des Standortes ist zu beachten, dass geeignete Arbeitsmöglichkeiten bei volks- oder wehrwirtschaftlichen Arbeitsvorhaben für längere Zeit vorhanden sein müssen. Für die entsprechenden Miet- und Überlassungsverträge ist meine Genehmigung nach den bestehenden Bestimmungen einzuholen.

(3) Die Arbeitserziehungslager haben den Charakter eines Polizeigewahrsams.

II.

Antrag auf Genehmigung zur Errichtung eines Lagers

(4) Die Errichtung eines Lagers bedarf meiner vorherigen Genehmigung. In dem Genehmigungsantrag hat der Inspekteur (Befehlshaber) der Sicherheitspolizei und des SD darzulegen

a) aus welchen Gründen die Errichtung des Lagers notwendig ist,

b) wie die Unterkunft, die Bewachung und die Verpflegung der Häftlinge geregelt wird und welche Ausgaben dafür voraussichtlich entstehen werden,

c) welche Belegungsfähigkeit das Lager besitzt und mit welcher Belegungsstärke gerechnet wird,

d) mit welchen Arbeiten die Häftlinge beschäftigt werden sollen, an welche Unternehmer ihre Arbeitskraft vergeben und welcher Arbeitslohn vereinbart wird,

e) welche Staatspolizei(leit)stellen zur Einweisung von Häftlingen befugt sein sollen.

III.

Bewachung und Dienstbetrieb

... (6) Für das Lager ist ein Beamter oder Angestellter der Geheimen Staatspolizei als Leiter zu bestellen, der für den Dienstbetrieb im Lager verantwortlich und dem Reichssicherheitshauptamt namhaft zu machen ist. Sein Vertreter soll ebenfalls Angehöriger der Geheimen Staatspolizei sein.

(7) Die Bewachungskräfte sind von der Geheimen Staatspolizei zu stellen. Können solche Kräfte nicht aus dem Bestand der Polizei oder im Wege der freien Vereinbarung als Angestellte der Verg. Gr. IX TO.A gewonnen werden, so müssen sie als Notdienstpflichtige mit Beschäftigungsverhältnis (Verg. Gr. IX TO.A) herangezogen werden (vgl. Erlaß vom 16.10.1940 Abs. 16 FF - Bef.Bl. S. 119 - und die Bekanntmachung der Behörden, die Notdienstleistungen fordern können, vom 8.7.1939 - RGBl. I, S. 1204). Die erforderlichen Stellen werde ich bei oder nach der Genehmigung des Lagers zur Verfügung stellen. Die Bewachungskräfte unterstehen den Weisungen des Lagerleiters und seines Vertreters.

(8) Für jedes Lager ist eine Lagerordnung aufzustellen, die den Dienstbetrieb, die Arbeitszeit, Lagerstrafen, Aufnahme, Entlassung, Aufbewahrung der häftlingseigenen Gegenstände, Behandlung von deutschen und ausländischen Häftlingen usw. regelt. Soweit die Lagerordnung und die Vorschriften dieses Erlasses nichts anderes bestimmen, gilt im übrigen die Polizeigefängnisordnung (PDV.34). Das Muster für eine Lagerordnung wird demnächst nachgesandt werden.

IV.

Einweisung und Haftdauer

(9) Der Inspekteur (Befehlshaber) der Sicherheitspolizei und des SD bestimmt, welche Staatspolizei(leit)stellen zur Einweisung von Häftlingen in das Lager zuständig sind Unter Umständen führt er ein Einverständnis mit den benachbarten Inspekteuren (Befehlshabern) über die Einweisungsbefugnis der angrenzenden Staatspolizei(leit)-stellen ihres Bereiches herbei.

(10) Die Einweisung muß schriftlich durch einen Einweisungs-beschluß erfolgen und soll im Interesse des geschlossenen Arbeits-einsatzes möglichst auf bestimmte Wochentage beschränkt bleiben. Der befristete Einweisungsbeschluß ist dem Häftling unter Hinweis auf die Folge bei schlechtem Verhalten zu eröffnen. Der Häftling hat die Kenntnisnahme unter Namensunterschrift zu bestätigen.

(11) Die Dauer der Haft darf höchstens 56 Tage betragen, und zwar sowohl für deutsche wie für ausländische Häftlinge (Polen, Tsche-chen usw.). Den Einweisungsstellen soll dadurch die Möglichkeit ge-geben werden, dem Grad der Verfehlung des Häftlings unter Berück-sichtigung seiner Persönlichkeit gerecht zu werden und erforderlichen-falls eine Steigerung bei mehrmaliger Einweisung erreichen zu können. Ist nach Ablauf der Gesamtzeit von 8 Wochen der Haftzweck nicht erfüllt, so ist beim Reichssicherheitshauptamt - Ref. IV C 2 - die Ver-hängung von Schutzhaft und die Einweisung in ein Konzentrations-lager zu beantragen.

V.

(12) Die Häftlinge sind zu strenger Arbeit anzuhalten, um ihnen ihr volksschädigendes Verhalten vor Augen zu führen, um sie zu ge-regelter Arbeit zu erziehen und um Anderen durch sie ein abschrecken-des und warnendes Beispiel zu geben.

(13) Die tägliche Arbeitszeit soll nicht weniger als 10 und darf nicht mehr als 12 Stunden betragen. Die Arbeit an Sonn- und Feiertagen ist gestattet, den Häftlingen ist jedoch an einem Tag der Woche ausrei-chend Gelegenheit für ihre körperliche Reinigung und die Instand-setzung ihrer Kleidung zu geben.

(14) Die Häftlinge erhalten eine Arbeitsbelohnung von 0,50 RM für jeden Arbeitstag, die ihnen gutgeschrieben wird und aus der sie Verbrauchsgegenstände bis zu 2,- RM wöchentlich zur Befriedigung

kleinerer Lebensbedürfnisse (Briefmarken, Rasierklingen, Zahnpaste usw.) bestreiten können. Die Arbeitsbelohnung steht auch den Häftlingen zu, die im Lager mit sogenannten Hausarbeiten beschäftigt werden. Die Auszahlung des nichtverbrauchten Betrages findet bei der Entlassung in bar statt. Der ausgezahlte Betrag dient gleichzeitig als Reise- und Zehrgeld. In Notfällen kann außerdem bedürftigen Häftlingen bei der Entlassung eine einmalige Unterstützung bis zu 10 RM gewährt werden, falls ihr Unterhalt bis zur Wiedervermittlung in andere Arbeit nicht gesichert ist.

(15) Bei Häftlingen, die Unterhaltsverpflichtungen zu erfüllen haben, wird aus sozialpolitischen Gründen das Arbeitsentgelt abzüglich eines Tageskostenbetrages von 3,50 RM täglich, der zur Abgeltung der Verpflegung, Unterkunft, Bekleidung, Heil- und Unfallfürsorge sowie der Arbeitsbelohnungen einbehalten wird, den unterhaltsberechtigten Angehörigen überwiesen, soweit der Häftling ihren Unterhalt auch bisher schon bestritten hat.

(16) Die Arbeitsbelohnungen und Unterstützungen werden bei Kap. 14a Tit. 33 Untert. 4 gebucht. Die buch- und rechnungsmäßige Behandlung der Arbeitsbelohnungen hat nach den anliegenden Büchern und Listen zu erfolgen. Die zu vereinnahmenden Lohn- und Tageskostenbeiträge sind bei Kap. 10a Tit. 7 zu verrechnen.

(17) Da das Reich freie Heil- und Unfallfürsorge gewährt, kommt die Anmeldung der Häftlinge zu Unfallberufsgenossenschaften und Krankenkassen nicht in Betracht. Die Beschäftigung der Häftlinge während der Haft wird im Arbeitsbuch nicht vermerkt..

VI.

Arbeitsvertrag

(18) Die Häftlinge werden Unternehmern durch Vertrag (Arbeitsvertrag) zur Arbeitsleistung zur Verfügung gestellt. Als Arbeitsentgelt

ist der Tariflohn für ungelernte Arbeiter zuzüglich eines Aufschlags von 15% für Unfall- und Sozialversicherungsbeiträge und der Auslösung bei Verheirateten zu vereinbaren. Unternehmen von wehrwirtschaftlicher Bedeutung sind zu bevorzugen.

(19) In dem Arbeitsvertrag ist klarzustellen, dass die Häftlinge durch das Reich gegen Unfall versichert sind und freie Heilfürsorge genießen. Wegen der Schwierigkeiten der Rohstoffbeschaffung soll ferner nach Möglichkeit vereinbart werden, dass die Arbeitskleidung vom Unternehmer zur Verfügung gestellt wird. Eine Abschrift des Arbeitsvertrages ist mit zur Kenntnisnahme vorzulegen. Muster eines Arbeitsvertrages liegt an.

(20) Hinsichtlich der Zahlung des Arbeitsentgelts wird folgende Regelung vorgeschlagen: Dem Unternehmer wird jeweils bei der Einlieferung der auf seiner Arbeitsstelle tätigen Häftlinge formularmäßig mitgeteilt, ob der Arbeitslohn an Angehörige des Häftlings (unter Angabe der Anschrift) oder an die Staatspolizei(leit)stelle zu entrichten ist. Bei unterhaltspflichtigen Häftlingen hat der Unternehmer das Arbeitsentgelt, gekürzt um 3,50 RM je Arbeitstag, an die benannten Unterhaltsberechtigten wöchentlich zu überweisen, während der Rest der Staatspolizei(leit)stelle zusteht. Die Staatspolizei(leit)stelle führt die Abrechnung mit dem Unternehmer auf Grund der von dem Lagerleiter aufgestellten Beschäftigungslisten (siehe nachfolgende Ziff. 28) monatlich durch. Den Häftlingen ist bekanntzugeben, in welcher Höhe das Arbeitsentgelt an ihre Angehörigen überwiesen worden ist.

VII.

Bewirtschaftung

(21) Sämtliche Kosten für die Verwaltung und Bewirtschaftung des Lagers sowie für den Unterhalt der Gefangenen sind bei den ent-

sprechenden Ausgabetiteln des Reichshaushalts der Sicherheitspolizei Kap. V/14a zu buchen; auf die Erläuterung zu Tit. 33 Untert. 1 in der Buchungstafel für das Rechnungsjahr 1940 wird verwiesen.

(22) Die Einnahmen aus der Beschäftigung der Gefangenen werden als allgemeine Haushaltseinnahmen bei Kap. 10a Tit. 7 verrechnet (§ 69 Abs. 1 RHO.). Soweit bisher anders verfahren wurde, sind die betreffenden Beträge umzubuchen.

(23) Zur Abwicklung der durch die Arbeitsleistungen usw. bedingten Zahlungsgeschäfte kann dem Verwaltungsbeamten des Lagers ein Handvorschuß gewährt werden, der jedoch so niedrig wie möglich zu halten ist und 500 RM nicht übersteigen darf. Falls infolge besonderer Verhältnisse, insbesondere wegen der Größe des Lagers, ein höherer Vorschuß erforderlich ist, ist meine Genehmigung rechtzeitig vor Erteilung der Auszahlungsanordnung unter Angabe des durchschnittlichen Häftlingsstandes einzuholen. Soweit in diesem Erlaß nichts anderes bestimmt ist, gilt für die Verwaltung des Vorschusses der RdErl. vom 9.12.1940 (Bef.Bl. S. 192).

VIII.

Unfall- und Sozialversicherungen

... (25) Jeder Gefangene ist bei der Aufnahme und Entlassung auf seine volle Arbeitsfähigkeit zu untersuchen. Die Häftlinge erhalten während ihres Aufenthalts im Lager freie Heilfürsorge. Für die ärztliche Betreuung ist ein Arzt vertraglich zu verpflichten. Die Häftlinge werden vom Reich gegen Krankheit nicht versichert.

...X.

Bücher und Listen

... (28) Für jeden Unternehmer, dem Häftlinge zur Verfügung gestellt werden, ist eine Beschäftigungsliste nach anliegendem Muster zu führen. Über den nach der Beschäftigungsliste errechneten Betrag erhält der Unternehmer nach Ablauf jedes Monats eine Rechnung unter Übersendung einer Abschrift der Beschäftigungsliste mit der Aufforderung, den Rechnungsbetrag binnen einer Frist von 3 Wochen an die näher zu bezeichnende Amtskasse einzuzahlen. Eine Ausfertigung der Beschäftigungsliste ist der Amtskasse als Annahmeanordnung gemäß § 28 RWB. zu übersenden.

(29) Außer der Beschäftigungsliste sind in jedem Arbeitserziehungslager folgende Bücher und Listen nach den Mustern der Polizeigefängnisordnung (PDV. 34) zu führen:

1. Gefangenenbuch B (Muster 2); die Ausfüllung der Sp. 13 unterbleibt;

2. Verzeichnis der abgenommenen Gegenstände der Gefangenen (Muster 3);

3. Kassenbuch über abgelieferte Gelder und Wertsachen (Muster 4);

4. Krankenbuch (Muster 7);

5. Strafbuch (Muster 10);

6. Entlassungs- und Terminkalender (Muster 13);

7. Namensverzeichnis der Häftlinge (Muster 14);

8. Gefangenenstandsbuch (RdErl. vom 12.6.1940 - RMBliV. S. 1176).

In Lagern, in denen die Verpflegung der Gefangenen im eigenen Betrieb hergestellt wird, ist außerdem das Buch über Einnahme und Ausgabe von Lebensmitteln (Muster 5 der PDV. 34) zu führen. Soweit erforderlich, können weitere in der Polizeigefängnisordnung vorgeschriebenen Bücher und Listen angelegt werden. (...)

gez. H. Himmler

Der Chef der Sicherheitspolizei und des SD

An die Staatspolizei(leit)stellen.

Betrifft: Lagerordnung für die Arbeitserziehungslager

Die Erfahrungen seit der Herausgabe des Erlasses vom 28.5.1941 veranlassen mich, auf folgendes hinzuweisen:

1) Die Einweisung in ein Arbeitserziehungslager ist keine Strafmaßnahme, sondern eine polizeiliche Vorbeugungs- und Erziehungsmaßnahme. Die Behandlung der Häftlinge ist daher so zu gestalten, dass neben der Freiheitsentziehung, der Pflicht zur Einfügung in die Lagerordnung, ordentlicher Führung und der vorgeschriebenen Arbeitsleistung keine weiteren Auflagen gemacht werden.

2) Jede körperliche Einwirkung auf die Häftlinge des Arbeitserziehungslagers ist untersagt. Diese Anordnung gilt nicht nur für das Lagerpersonal, sondern im vollen Umfange auch für Angehörige der Betriebe und Unternehmen, denen die Häftlinge durch Arbeitsvertrag zur Verfügung gestellt werden, sowie für diejenigen Häftlinge, die als Vorarbeiter (Kolonnenführer) eingesetzt werden. Schlägereien unter den Häftlingen sind sofort zu unterbinden. Der Lagerleiter ist für die unbedingte Durchführung dieser Anordnung verantwortlich.

3) Bei Verletzung der Lagerordnung, Widersetzlichkeit, böswillig schlechter Arbeitsleistung oder sonstigen Ordnungswidrigkeiten kann der Lagerleiter folgende Lagerstrafen entsprechend § 39 der Polizeigefängnisverordnung verhängen:

1) Verwarnung,

2) Entziehung von Vergünstigungen, z. B. von Rauchen, Schreiben, Lesen,

3) Entziehung der warmen Morgen- oder Abendkost bis zu 4-mal nacheinander,

4) Entziehung der warmen Mittagskost bis zu 3-mal einen Tag um den anderen,

5) Entziehung der warmen Kost bis zu 3-mal einen Tag um den anderen,

6) Entziehung des Bettlagers bis zu 3-mal nacheinander,

7) Zuweisung von Sonderarbeit bis zu 5 Tagen; die Gesamtarbeitsdienstzeit darf 16 Stunden nicht überschreiten,

8) Arrest auf die Dauer von höchstens 2 Wochen.

Die Arreststrafe wird in der Strafzelle vollzogen, die lediglich mit ei-ner am Fußboden und an der Wand befestigten Holzpritsche, einem befestigten Klosetteimer und einem Wasserkrug versehen ist; das Bettlager wird entzogen und die Kost auf Wasser und Brot beschränkt. Der Entzug des Bettlagers und die Beschränkung der Kost auf Wasser und Brot fallen jedoch am 4., 8. und an jedem darauffolgenden 3. Tage der Arreststrafe fort. Während der Arreststrafe ruhen alle dem Häftling gewährten Vergünstigungen. Eine Fesselung während des Arrests ist nicht zulässig. Auf besondere Anordnung des Leiters, der das Lager wirtschaftlich betreut, darf die Arreststrafe bis zu 3 Tagen in einer Dunkelzelle vollzogen werden. Durch die Arreststrafe darf die höchstzulässige Haftdauer nicht verlängert werden.

Wegen derselben Verfehlung dürfen mehrere Strafen, ausgenommen die Arreststrafe, gleichzeitig verhängt werden. Andere als die aufgeführten Strafen sind nicht zulässig.

Bevor die Strafen unter 3 und 8 vollzogen werden, soll nach Möglichkeit der Lagerarzt gehört werden; die Äußerung ist schriftlich im Strafbuch abzugeben. Im übrigen sind Lagerstrafen sofort zu vollstrecken.

Gegen die Straffestsetzung ist Einspruch oder Beschwerde zulässig, die jedoch keine aufschiebbare Wirkung besitzt.

Jede Strafe ist im Strafbuch zu verzeichnen. Das Strafbuch ist dem Leiter der das Lager betreuenden Staatspolizei(leit)stelle monatlich vorzulegen; er hat die Angemessenheit der verhängten Strafen zu überprüfen.

3) Sind bei Polen weitergehende Maßnahmen notwendig, so kann der Leiter der Staatspolizei(leit)stelle, die das Lager wirtschaftlich betreut, diese Maßnahme im Rahmen der Erlasse vom 1. 7. 1937 (B. Nr. II 301/37 geh. Rs.) und vom 6.10. 1941 (B. Nr. IV 301/37 geh. Rs.) in eigener Verantwortung anordnen.

Diese Grundsätze sind auch bei der nach Ziffer 8 des Erlasses vom 28.5.1941 aufzustellenden Lagerordnung zu beachten. Von der Aufstellung einer einheitlichen Lagerordnung oder eines Musters sehe ich einstweilen ab.

In Vertretung:

gez.: Müller, SS-Brigadeführer

Allgemeine Lagerordnung

Im Aufnahmeraum des Lagers wurde jedem neu eingelieferten Häftling in deutscher und in den ausländischen Sprachen eine Lagerordnung ausgehändigt:

1) Jede Anordnung ist sofort zu befolgen.

2) Niemand darf Gegenstände oder Kleidungsstücke in Besitz haben, die ihm nicht von der Lagerleitung belassen worden sind.

3) Von jedem wird harte Arbeit, Ordnung, Sauberkeit und gutes Verhalten gegenüber anderen Häftlingen gefordert.

4) Jeder Widerstand wird notfalls mit der Schußwaffe gebrochen.

5) Bei einem Fluchtversuch wird sofort und ohne Anruf geschossen.

6) Wer Kenntnis von beabsichtigten Gewalttaten, Fluchtversuchen, Diebstählen oder anderen Verstößen gegen die Lagerordnung erhält und sie nicht sofort meldet, macht sich ebenso strafbar wie der Täter selbst.

7) Verboten ist: jeder Tabakgenuß, die Unterhaltung mit anderen Häftlingen während der Arbeit, der Zeit der Nachtruhe und während des Antretens, das Benutzen der Lagerstätten außerhalb der Nachtruhe.

8) Jeder Angehörige des Lagerpersonals in Uniform ist durch Abnehmen der Kopfbedeckung zu grüßen. Die Anwendung des deutschen Grußes ist verboten.

9) Eingehende Briefe werden dem Häftling bekanntgegeben.

10) Es können Lebensmittelpakete von Angehörigen in unbeschränkter Zahl empfangen werden. Der Inhalt muß jedoch am Tage der Ankunft oder am darauffolgenden Tag verzehrt werden. Die deutschblütigen Häftlinge dürfen alle 14 Tage einen Brief oder eine Karte, die fremdländischen Häftlinge alle 4 Wochen, Juden, Polen und Ostarbeiter alle 2 Monate eine Karte schreiben.

11) Wer die Lagerordnung nicht befolgt, wird bestraft. Gibt jemand zu erkennen, dass er sich nicht bessern will, werden gegen ihn schärfere Maßnahmen ergriffen.

12) Du bist hier, weil Du Dich gegen die Gesetze des deutschen Volkes vergangen hast. Denke daran und bessere Dich.

DAS SCHWEIGEN DER ANGST -

ERINNERUNGEN DEUTSCHER AUGENZEUGEN

Meine beste Freundin und ich sahen uns gemeinsam mit unserem Gruppenleiter im Archiv von Zöschen nach Unterlagen über das KZ um. Bei dieser Gelegenheit sahen wir auch einmal beim Vater der Bürgermeisterin vorbei, der den Bau des Zöschener KZ's im Juni 1944 als 16jähriger Junge miterlebte. Wir wollen jetzt seinen Bericht aus seiner Perspektive wiedergeben:

Das KZ wurde im Jahre 1944 von Deutschen und Ukrainern erbaut. Die Häftlinge mussten daran mitbauen. Die Ukrainer mussten in der ersten Zeit noch in Pferdewagen leben. Zuerst entstanden die vorläufigen Unterkünfte der SS-Männer und der Ukrainer. Sie bestanden aus Presspappe und waren etwa zehn Quadratmeter groß. Das Lager wurde insgesamt ziemlich schnell erbaut. Ein paar Teile des Lagers stehen heute noch. Es wurden zwei Räume, die etwa drei Meter hoch waren, aus Stacheldraht errichtet. Man konnte damals bis an den Zaun heran gehen. Die Häftlinge, die ähnliche Kleidung wie im Gefängnis trugen (schwarz-hellgrau gestreift, mit Stirnband) schliefen in langen Baracken aus Stein, von denen es vier gab.

Zur Arbeit fuhren sie mit einem normalen Zug. An diesen Zug wurden zwei Waggons gehängt und etwa hundert Häftlinge hineingepfercht. Diese haben meistens in Leuna gearbeitet.

Die Wächter waren freiwillige Ukrainer und Deutsche. Sie lebten in Wohnbaracken oder im Dorf. Die SS-Leute waren sehr streng. Die Häftlinge bekamen äußerst wenig zu essen. Es sind Seuchen ausgebrochen. Die Häftlinge sind durch Seuchen, den Hungertod oder Zusammenbruch gestorben. Die Deutschen, die gestorben waren, wurden auf dem Friedhof, die Ausländer auf freiem Feld von Häftlingen begraben, die von SS-Männern beaufsichtigt wurden. Nach dem Krieg wurden die sterblichen Überreste der Franzosen, Holländer und Belgier aus ihren Grabstätten geholt, verbrannt und in ihre Heimat gebracht. Beispielsweise wurden fünfundneunzig tote Holländer zurückgeführt.

Einige Häftlinge durften abends unter Bewachung ins Dorf, wahrscheinlichkeit hatten sie diese Freizügigkeit wegen guter Führung. Zwei Tage, bevor die Amerikaner am 9. Mai 1945 in Zöschen einmarschierten, zogen die Ukrainer mit den SS-Leuten und den Häftlingen in Richtung Leipzig davon. Einige Häftlinge, die nicht laufen konnten, sind im Lager zurückgeblieben. Einige andere brachen noch in Zöschen oder auf der Strecke zusammen. Die Häftlinge waren völlig entkräftet. Die Amerikaner müssen den größten Teil des Trupps noch eingeholt haben. Der andere Teil ging weiter in Richtung Heimat. Auf diesem Wege kamen zweiundvierzig Holländer nach Hause zurück, wahrscheinlich waren sie im Lager oder im Ort geblieben.

In der Zeit gegen Kriegsende sollte neben dem KZ noch ein Frauenlager errichtet werden, einige Frauen waren schon dort. Vor der Aufgabe des Lagers sollen von Häftlingen, vermutlich Holländern, Dokumente über das KZ vergraben worden sein.

Merseburg, den 11. Februar 1993

(Das Gespräch wurde von zwei Mitgliedern der Gruppe „Jugend forscht" bei der katholischen Kirche Merseburg geführt.)

Zweihundert Leute in einer Baracke -

Otto Hofmann, 23. September 1992

Herr Hofmann hat im Mai 1945 das damals noch unzerstörte Lager zum ersten Mal betreten. Danach hat er mehrere Jahre lang bei einem landwirtschaftlichen Betrieb auf dem Lagergelände gearbeitet. Das Modell des Lagers, das heute in der Zöschener Schule ausgestellt ist, ist nach seinem Entwurf angefertigt worden (siehe Seite 15). Daraus ist folgender Aufbau erkenntlich:

Vier lange Baracken - 80 m x 9 m; je Baracke gab es etwa zehn Zimmer. Die Bauelemente bestanden aus Zementplatten: 1 m breit, 20 cm hoch und 15 cm dick. Diese Bauelemente wurden zwischen in den Boden eingelassene Zementsäulen eingesetzt. In einer Baracke wohnten ungefähr zweihundert Personen. Nach Auflösung des Lagers haben Zöschener Bürger diese Zementplatten für den Bau ihrer Viehställe verwendet. Das Hauptgebäude - 10 m x 50 m, Küche und Aufenthaltsraum des Wachpersonals; Anbau mit unterkellertem Vorratsraum. Das Hauptgebäude war aus Steinen gemauert. Appellplatz - 50 m x 100 m, direkt neben dem Haupteingang gelegen in etwa 20 Metern Abstand von den Baracken. Vier Wachtürme, drei Meter hoher Stacheldraht, an Holzpflöcken befestigt, und ein doppelter Stacheldrahtzaun. Derzeit stehen noch, teilweise zerstört: Hauptgebäude mit Anbau, Wachbaracke (Schreibstube), Latrine und Sanitätsbaracke.

Zementsäcke für die Bestattung -
Otto Hofmann, 23. März 1997

Der Landwirt Hermann Heyn, dessen Hof sich in der Nähe des Lagers befand (dritter Hof nach der Kreuzung zum Lager hin), fuhr mit einem Ochsengespann (ein Ochse und eine Kuh) abends ins Lager und lud die Bretterkisten mit den Leichen der am Tag Verstorbenen auf den Wagen. Er fuhr dann auf den Hof und stellte den Wagen mit den Kisten in der Scheune ab. Am nächsten Morgen fuhr er in die Aue in Begleitung des Gräberkommandos. Die Bestattung fand dann durch das Kommando statt (vier Häftlinge und ein Wachmann). Mehrere Kisten wurden jeweils in eine Graböffnung gesenkt (zuerst Holzkisten, später Zementsäcke).

Fußtritte für die Erschöpften -
Sidonie Häusler am 30. Juni 1995

Die Häftlinge vom Lager Zöschen waren ebenfalls im Leuna-Werk beschäftigt. Der An- und Abtransport erfolgte mit der Eisenbahn, die Waggons für die Häftlinge folgten unmittelbar hinter der Lokomotive, dann schlossen sich der Packwagen und die übrigen Waggons an. Zu einer Tragödie gestaltete sich jedes Mal die Rückkehr, wenn die halb Verhungerten und Erschöpften am Perron ausstiegen: Ein Wachposten stand im Waggon an der Tür (es handelte sich um Personenwagen mit mehreren einzelnen Abteiltüren) so hinter denn Häftlingen, dass er einen jeden von ihnen mittels eines Fußtritts die zwei Waggonaußentrittbretter hinunter stoßen konnte. Die Häftlinge rafften sich dann wieder auf und schleppten sich und ihre halbtoten Mitgefangenen zum Lager. Die Brutalität und Unmenschlichkeit der

Wachposten muss man gesehen und erlebt haben, um diese Behandlung von Menschen durch Menschen überhaupt glauben zu können. Der Weg vom Bahnhof zum Lager Zöschen führte auch an einer Möhrenmiete vorbei, die leergeräumt worden war. Dabei waren Möhren auf den Pfad gefallen. Ein Häftling wagte es, eine der Möhren aufzuheben. Er wurde sofort an Ort und Stelle von einem Wachposten brutal geschlagen und mit Fußtritten traktiert. Alle Augenzeugen, auch die aus der deutschen Bevölkerung, mussten über diesen Vorfall schweigen, und konnten sich auf die Gefahr hin, selbst verhaftet zu werden, nicht in das Geschehen einmischen.

Befehlsempfänger in Holzpantinen -
Winfried Czepluch, damals Lehrling im Technikum Leuna
Die E-Kompanie war oft im Werk zu sehen. Sie arbeitete nur in der Tagesschicht. Die Gefangenen trugen Häftlingskleidung mit Holzpantinen, unterlagen einer straffen militärischen Ordnung und hatten eine strenge Aufsicht. Nach Luftangriffen beseitigten sie mit Schaufeln Trümmer und füllten Bombentrichter auf. Auch Zuchthäusler aus Halle waren mit diesem Arbeiten beschäftigt. Die standen unter Aufsicht von Justizbeamten in grüner Uniform.

Die Häftlinge waren ständig unter Kontrolle von uniformiertem SS-Wachpersonal, das mit Karabinern bewaffnet war. Die Wächter haben genauestens aufgepasst, dass pausenlos gearbeitet wurde und kein Kontakt mit zivilen Arbeitern erfolgte. Wer ein Gespräch mit den Häftlingen aufzunehmen versuchte, wurde sofort weggejagt.

Wir dachten, dass es sich bei den Häftlingen um schwer Kriminelle handelte (Feldpostdiebstahl, Plünderungen nach Luftangriffen usw.). Ich kann mich nicht erinnern, dass uns irgendwann von einer offiziellen Stelle mitgeteilt worden wäre, welcher Delikte diese Häftlinge beschuldigt waren.

Ich beobachtete auf der Raucherwiese vierzig bis sechzig Häftlinge bei der Mittagspause. Mit Blechnäpfen waren sie in Gänsereihe angetreten, um aus Kübeln ihre Suppe zu empfangen. Etwa vier Posten hatten Aufsicht und schlugen mit Gummiknüppeln zu, wenn die von ihnen vorgegebene Ordnung nicht eingehalten wurde.

Johanna Krupke, Schafstädt, am 16. Juli 1996 an den Autor
Das Gelände des damaligen Flughafens gehörte zu Obhausen. Der Platz hieß nur Schafstädt, weil der Gleisanschluss von hier kam, der bis zum Objekt ging. Auf dem Flugplatz war auch eine Einheit der Organisation Todt, alles ältere Herren.
Der Flugplatz war damals und ist heute wieder Acker, nur eine kleine Baumgruppe und Gebüsche stehen noch an der Straße. Ein findiger Herr hat dort einen Imbisswagen stehen.
In Schafstädt grassierte seinerzeit die Ruhr, es gab viele Tote, hauptsächlich Kinder. Möglich, dass es diese Krankheit auch unter den Gefangenen gab. Eine Telefonistin von damals konnte ich noch ermitteln, sie ist heute 89 Jahre alt. Sie sagte, die Toten wären überführt worden, aber sie wusste nicht wohin.

Schreiben des Landkreises Merseburg-Querfurt, Ordnungsamt, Urkundenstelle Querfurt, vom 13. Mai 1996 an den Autor
Der Flugplatz befand sich auf dem Flurstück zwischen Schafstädt und Obhausen. Als politische Gemeinde war die Ortschaft Obhausen bestimmt, so dass alle Sterbefälle beim Standesamt Obhausen registriert worden sind.

NIEDERLÄNDISCHES REICHSINSTITUT FÜR KRIEGSDOKUMENTATION, SCHREIBEN VOM 25. MÄRZ 1996

Nach unseren Daten sind am 6. und 28. Juli 1944 Transporte mit 726 Zwangsarbeitern vom polizeilichen Durchgangslager Amersfoort nach Arbeitsämtern in Halle und Merseburg abgefahren. Unter den Deportierten befanden sich die etwa 300 Geiseln von Beverwijk, die alle im Lager Zöschen gelandet sind.

NOTIZ DES PERSONALBÜROS BUNA VOM 31. JULI 1944

Auf Veranlassung der Bauleitung sind die holländischen Arbeitserziehungshäftlinge ab 31. 7. 44, 14:00 Uhr, wie folgt einzusetzen:

Firma Oskar Brückner 110 Mann

Firma Oltsch & Co. 100 Mann

Firma Heinrich Scheven 60 Mann

Firma Allg. Hoch. Ing.-Bau-AG 40 Mann

Firma Ph. Holzmann AG 40 Mann

Landwirtschaft, Herrn Lemke 100 Mann

Insgesamt 450 Mann

Dieses Schreiben ging an das Lager der holländischen Arbeitserziehungshäftlinge, Block 19

NOTIZ ÜBER EINE BESPRECHUNG DES DR. ECARIUS, BUNA, MIT HERRN ELSNER, BERLIN, AM 4. AUGUST 1944

Betrifft: Räumung des Wohnblocks 19 von AE-Häftlingen

Ich brachte zum Ausdruck, dass wir noch einen erheblichen zusätzlichen Bedarf an Arbeitskräften hätten und damit zu rechnen sei, dass er demnächst gedeckt werden könne. Die Arbeitskräfte können aber nicht untergebracht werden, wenn die in unserem Gemeinschaftslager und in Diemitz vorhandenen E-Häftlinge anderweitig kein Unterkommen finden würden.

NOTIZ ÜBER EINE BESPRECHUNG DES DR. ECARIUS MIT DR. VON SOIRON AM 10. AUGUST 1944

Betrifft: Belegung des Gemeinschaftslagers mit E-Häftlingen

Ich wies darauf hin, dass die Aufnahme einer größeren Zahl Arbeitskräfte durch die Belegung eines Wohnblocks unseres Gemeinschaftslagers und eines Saales in Diemitz mit rund 1.000 E-Häftlingen zur Zeit noch nicht möglich ist.

ZUSAMMENSTELLUNG DES PERSONALBÜROS LEUNA VOM 11. MÄRZ 1945

Die Belegungszahl des E-Lagers Zöschen beträgt zur Zeit 914 Häftlinge bei einer Gesamtbettenzahl von 1 300 Betten.

TAGEBUCH VON WALTER MÜLLER, GOSECK, AM 1. MAI 1945

Nach einer Aufstellung vom 14.3.45, die zu Luftschutzzwecken vorgenommen wurde, waren an diesem Tage 33.347 Mann bei der Arbeit. Darunter:

746 französische Kriegsgefangene

242 andere Kriegsgefangene

295 E-Häftlinge

41 Zuchthäusler.

SCHREIBEN DES AEL ZÖSCHEN VOM 22. MÄRZ 1945 AN DIE VERWALTUNG DES KONZENTRATIONSLAGERS BUCHENWALD

Betrifft: lagereigene Kleidungsstücke für Häftlinge

Der SS-Hauptscharführer B. hat Befehl, mit Dienstkraftwagen am 23.3.45 sich nach dort zu begeben, um die lagereigenen Bekleidungsstücke des AEL Zöschen in Empfang zu nehmen. Es wird gebeten,

Das Anwesen Hermann Heyns in Zöschen,
von dem aus allmorgendlich die traurigen Transporte ins Nichts abgingen.

die Häftlingsbekleidungsstücke von den am 27.2.45 und am 10.3.45 nach dort überstellten Häftlingen auszuhändigen.

Der Empfangsschein vom 23. März 1945 bestätigt den Empfang folgender Kleidungsstücke:

67 Mützen, 102 Röcke, 102 Hemden, 26 Pullover, 20 Riemen, 15 Taschentücher, 102 Paar Holzschuhe, 102 Hosen, 102 Unterhosen, 22 Paar Gamaschen.

Anm. des Autors: Am 27. Februar und 23. März 1945 sind also insgesamt 102 Häftlinge von Zöschen nach Buchenwald gebracht worden. Der gesamte Schriftwechsel des KZ's Buchenwald ist erhalten und kann beim Internationalen Suchdienst Arolsen eingesehen werden. Ob an diesen beiden Tagen auch holländische Häftlinge auf Transport waren, habe ich noch nicht feststellen können.

STERBEFÄLLE HOLLÄNDISCHER HÄFTLINGE AUS DEM ARBEITS-
ERZIEHUNGSLAGER ZÖSCHEN, DEM LAGER DES FLUGPLATZES
SCHAFSTÄDT UND DEM LAGER AMMENDORF/OSENDORF

HOLLÄNDISCHE HÄFTLINGE, DEREN TOD BEIM STANDESAMT DÖLKAU IN
ZÖSCHEN BEURKUNDET UND DIE AUF DEM AUEFRIEDHOF IN ZÖSCHEN
BEERDIGT WURDEN.

Für diese Übersicht standen dem Autor folgende Dokumente
zur Verfügung:

1. Liste des Standesamtes Kötzschau in Zöschen vom 19. April
1996 über Sterbefälle holländischer Häftlinge, die vom August 1944
bis zum 15. April 1945 beim Standesamt Dölkau in Zöschen beurkundet wurden (insgesamt 130 Namen). Die Erstschriften dieser
Beurkundungen liegen beim Standesamt Zöschen, Gemeindeverwaltung Zöschen. Die Zweitschriften befinden sich im Landesarchiv
Merseburg.

2. Liste der im Landkreis Merseburg verstorbenen holländischen
Staatsbürger. Diese Liste enthält 107 Namen holländischer Häftlinge,
die auf dem Auefriedhof in Zöschen beerdigt wurden. Diese Liste
hat der Autor im Landesarchiv Merseburg unter Rep. K - Kreisverwaltung Merseburg Nr. 667, Blatt 18 bis 20, gefunden.

3. Liste der am 13. April 1948 auf dem Auefriedhof exhumierten
Niederländer. Die Liste enthält 87 Namen und befindet sich im Gemeindearchiv Zöschen.

Nachfolgend die vom August 1944 bis zum 15. April 1945 beim
Standesamt Dölkau in Zöschen beurkundeten Sterbefälle von Häftlingen holländischer Staatsangehörigkeit aus dem Arbeitserziehungslager Zöschen:

Nr.	Name des Verstorbenen	Geburtstag	Todestag
33	Erris van Es	16.03.1917	15.09.1944
44	Leendert den Dunnen	28.03.1920	28.09.1944
50	Berend Kup	11.11.1900	02.10.1944
52	Franziskus Kroep	04.09.1917	05.10.1944
54	Hendrik Koemann	04.09.1918	09.10.1944
57	Jan Mantel	19.01.1909	09.10.1944
58	Hermanus Zindel	16.08.1905	09.10.1944
59	Willem van der Beek	24.05.1917	10.10.1944
60	Berend van Dooren	18.12.1898	10.10.1944
61	Jan Postma	24.11.1920	10.10.1944
69	Ares Hooghuis	08.12.1918	13.10.1944
71	Adrian Bongers	23.05.1921	13.10.1944
73	Hendrik Tjarks	03.02.1911	14.10.1944
74	Andre Veltkamp	16.06.1905	14.10.1944
75	Pieter de Bruin	20.04.1922	15.10.1944
76	Wilhelmus Weijers	05.01.1906	16.10.1944
80	Johannes Aussems	14.11.1919	18.10.1944
82	Johannes van der Zwan	03.04.1908	20.10.1944
84	Gerrit Heijningen	23.09.1924	22.10.1944
87	Haize Bosma	03.11.1921	22.10.1944
90	Joost van Sluijs	03.07.1909	23.10.1944
93	Jacob Beeking	13.04.1923	28.10.1944
95	Jan Hettema	22.08.1922	29.10.1944
96	Johannes Rietveld	10.10.1919	30.10.1944
97	Johannes Anthonius Bakker	20.08.1920	30.10.1944
102	Klaas Aalders	26.11.1910	02.11.1944
103	Krijn de Ruiter	11.05.1921	03.11.1944
104	Johannes van der Zande	12.10.1921	03.11.1944
106	Peter Rijgersberg	13.11.1913	06.11.1944

107	Henricus Engelen	01.03.1923	06.11.1944
108	Johannes Klaver	24.04.1923	06.11.1944
112	Johannes Meermann	10.10.1921	08.11.1944
113	Constantinus Nefkens	27.03.1923	08.11.1944
114	Gerrit van Tol	30.04.1926	10.11.1944
115	Cornelius Theodorus Smthjes	22.06.1925	10.11.1944
116	Jacobus Dienar	07.03.1921	10.11.1944
117	Klaas Klaassens	17.01.1922	10.11.1944
118	Johannes Pieter van der Merwe	15.08.1915	12.11.1944
120	Johannes de Ruiter	04.04.1901	13.11.1944
123	Joseph Hubert Vandegard	29.08.1916	14.11.1944
	Gerrit van den Broek	04.02.1925	14.11.1944
127	Tjeerd Ooms	06.11.1919	15.11.1944
137	Jan Hendriks	22.05.1911	17.11.1944
138	Henricus Kochx	14.06.1919	20.11.1944
149	Sander Rietveld	19.03.1921	21.11.1944
150	Gerard Jozef Stams	28.07.1920	22.11.1944
151	Johan Bus	06.10.1914	21.11.1944
156	Klaas Görtemöller	13.07.1920	17.11.1944
157	Hendrik Nieuwenhuizen	22.06.1922	23.11.1944
160	Hendrikus Botter	25.09.1923	23.11.1944
161	Jakob Baas	01.11.1925	23.11.1944
162	Arend van der Gronde	21.04.1903	24.11.1944
166	Roelof Heijsteeg	12.02.1912	25.11.1944
169	Eelke Hoekstra	20.01.1902	26.11.1944
172	Jacobus Limmen	27.12.1921	27.11.1944
173	Johannes Advianus Tongelet	31.05.1899	27.11.1944
174	Jan Fokkens	18.04.1921	28.11.1944
175	Jacques Mulders	20.02.1919	28.11.1944
176	Karel van Vonno	26.01.1911	28.11.1944

179	Hendrik Bel	18.05.1898	29.11.1944
180	Anton Remkes	05.10.1923	29.11.1944
185	Frans van Akelijen	10.07.1924	30.11.1944
186	Gerard Zegveld	08.10.1915	30.11.1944
187	Cornelis Johannes van Trijffel	27.10.1923	30.11.1944
193	Johannes de Ruiter	05.11.1920	02.12.1944
194	Jacobus Aalders	09.11.1923	02.12.1944
195	Hendrik Kunne	06.05.1924	03.12.1944
196	Cornelius van der Munnik	27.02.1917	03.12.1944
201	Hendrik Vos	26.07.1922	04.12.1944
202	Jan Krijn Jan Versluijs	20.09.1924	04.12.1944
204	Herman Ribbers	11.09.1908	06.12.1944
205	Willem Dykstra	13.06.1913	07.12.1944
206	Johannes Hendrikus Prins	01.04.1922	07.12.1944
207	Cornelis Kluiter	17.04.1925	08.12.1944
209	Petrus van Ophem	24.02.1909	09.12.1944
212	Johannes Bos	09.12.1922	10.12.1944
213	Cornelis Hendrik Metz	16.01.1923	11.12.1944
214	Jacobus Jansen	13.12.1902	11.12.1944
216	Govert Franciscus van Ooijen	22.06.1913	12.12.1944
218	Hendrik van der Weide	07.05.1905	13.12.1944
219	Franciscus Rosmalen	08.02.1894	13.12.1944
224	Johannes Rumping	31.05.1922	15.12.1944
233	Jacobus van der Kleijn	31.03.1923	18.12.1944
239	Johannes Hamers	20.01.1922	20.12.1944
240	Abraham Korsse	12.05.1926	20.12.1944
242	Marinus Zijta	07.03.1915	21.12.1944
244	Petrus Hoogewerf	24.12.1926	22.12.1944
245	Jan van der Most	11.10.1924	22.12.1944
250	Klaas Houkes	29.11.1900	23.12.1944

251	Hendrik van Ginkel	10.04.1922	24.12.1944
253	Nicolaas Leenstraar	16.10.1922	24.12.1944
257	Jan Radstake	30.01.1919	26.12.1944

1945

05	Johannes Bergschneider	21.08.1907	27.12.1944
07	Marinus van den Crommenakker		
		29.06.1917	27.12.1944
12	Albert Bijholt	03.10.1918	30.12.1944
15	Franciscus van Laarhoven	16.05.1922	01.01.1945
17	Adam Kolthof	23.02.1924	01,01,1945
18	Arie van Esch	11.08.1923	02.01.1945
20	Jan Kel	23.02.1914	02.01.1945
29	Antoon van Egmond	01.11.1922	04.01.1945
31	Johan Detmar	15.09.1922	05.01.1945
32	Willem Kok	01.09.1915	06.01.1945
34	Johannes de Gast	18.02.1916	06.01.1945
47	Adolph van Oven	11.06.1880	10.01.1945
59	Jacobus van Stel	20.12.1924	13.01.1945
71	Josephus Duijn	31.07.1924	15.01.1945
75	Korstiaan de Rover	16.11.1922	17.01.1945
76	Hielke Roukema	24.09.1918	17.01.1945
79	Martinus Kel	06.03.1911	17.01.1945
60	Rein Lolkema	11.10.1923	17.01.1945
81	Hendrik Mulder	23.12.1922	18.01.1945
86	Andries Palfenier	03.07.1923	19.01.1945
103	Johannes Schmeink	06.01.1922	23.01.1945
104	Klaas Luidens	03.07.1920	23.01.1945
110	Rutgerus Calis	09.03.1923	25.01.1945
125	Frans van der Meijden	17.04.1920	28.01.1945

145	Martinus Driesen	02.07.1912	03.02.1945
183	Louis Doornberg	17.02.1903	21.02.1945
189	Gerardus Eschweiler	12.09.1909	24.02.1945
203	Willem Otten	22.07.1922	05.03.1945
205	Aldert Kaman	25.12.1924	06.03.1945
216	Pieter Harkema	25.01.1920	13.03.1945
219	Lambertus van den Brink	18.07.1925	18.12.1944
220	Pieter van Hoek	16.01.1922	16.03.1945
233	Johann-Marten Götz	29.03.1924	21.03.1945
234	Arnoldus van Wijk	19.10.1923	22.03.1945
255	Dirk Admiraal	30.08.1916	29.03.1945
261	Gerrit Berghorst	22.10.1919	02.04.1945
262	Gerard Drenthe	23.08.1914	03.04.1945
276	Augustinus Woltering	01.06.1910	04.04.1945

STERBEFALLEINTRAGUNGEN HOLLÄNDISCHER HÄFTLINGE BEIM STANDES-AMT OBHAUSEN

Nr. Name	Geburtsdatum	Geburtrt	Eintrag
26 Wilhelm Arie von der Hoff			
	18.07.1919	Hardinxfeld	21.10.1944
28 Cornelius Aanrad	24.10.1924	Alt-/Neugastel	27.10.1944
32 Theodorus Hermsen			
	11.11.1922	Nymwegen	31.10.1944
34 Karel Roose	12.07.1923	Enschede	31.10.1944
36 Johan Behrens	25.02.1918	Hilversum	31.10.1944
37 Age Hermann Baas			
	02.07.1926	HarleM	31.10.1944
30 Dirk Groen	20.05.1923	Sintpancras	01.11.1944

31	Johann Albert Kempermann			
		29.09.1923	Paraixmann (Indien)	01.11.1944
33	Hubertus van Ham	25.06.1921	Herdogenbos	01.11.1944
35	Pieter van den Herik			
		20.07.1922	Sliedrecht	01.11.1944
X	Jakob van der Knaap			
		31.07.1925	Sliedrecht	02.11.1944
40	Johann Bussink	06.04.1924	Holten	04.11.1944
44	Wilhelmus Bernhardus Beck			
		27.01.1909	Harlem	07.11.1944
43	Lammert Brauer	01.10.1924	Oldeberkoop	09.11.1944
45	Alphachus van Lanshoven			
		17.03.1923	Amsterdam	10.11.1944
46	Cornelis de Rek	18.07.1922	Dordrecht	11.11.1944
47	Cornelis van Duyvenbode			
		25.02.1922	Katwyk	11.11.1944
48	Wiebe Johannes Altenburg			
		18.12.1923	Hennar deradeel	11.11.1944
49	Danker den Braber	28.04.1922	Rotterdam	13.11.1944
52	Marrinus Karssen	03.09.1913	Zutphen	14.11.1944
51	Tjeerd Mulder	07.05.1919	Assen	19.11.1944
53	Hermann Hummel	17.02.1922	Bedum	20.11.1944
56	Wilhelm Brandt	30.10.1924	Numersdorf	23.11.1944
57	Johannes Groot	29.01.1925	Velsen	23.11.1944
58	Theodorus Oudendyk			
		18.07.1924	Driel	23.11.1944

Alle diese Sterbefälle wurden durch die Staatspolizeistelle Halle (Saale) dem Standesamt Obhausen zur Registrierung angezeigt. (*Quelle: Landkreis Merseburg-Querfurt, Ordnungsamt, Urkundenstelle Querfurt*)

Die vom Gertraudenfriedhof Halle (Saale) - nach dort archivierten Karteikarten - erstellte Totenliste der auf diesem Friedhof beerdigten Häftlinge enthält 195 Namen. Davon waren die nachfolgend genannten 35 Toten holländischer Herkunft:

Name	Vorname	Geburtsdatum	Sterbedatum
Arends	Hendrik	14.08.1919	04.12.1944
Attema	Jan	29.03.1924	12.12.1944
Bije	Gerdt	22.05.1925	04.12.1944
Bofuis	Cornelis	04.07.1920	09.12.1944
Boolsmann	Jan	03.12.1917	12.11.1944
Braams	Hendrik	30.08.1919	22.12.1944
Braun	Franziskus	05.12.1925	14.12.1944
Brand	Johann Jakob	13.01.1910	04.12.1944
Brouwner	Heim	24.05.1922	06.12.1944
Burger	Theodorus	25.05.1924	12.12.1944
Brinorna	Hilbrand	04.03.1926	02.12.1944
Busmann	Gerrid	04.10.1918	10.12.1944
Buif	Kornelius	20.08.1900	15.11.1944
Dekker	Geward	29.08.1920	20.11.1944
Fokke	Alma	12.06.1916	26.01.1945 (?)
Grommweld	Arin Cors	30.09.1919	28.11.1944
Heynis	Nikolaus	25.04.1924	29.11.1944
Hennemann	Tiduis	29.06.1919	07.12.1944
Hoogeland	Petrus	22.04.1921	23.11.1944
Horbach	Hubert	24.02.1924	21.11.1944
Hoekmann	Dirk	17.05.1922	25.11.1944
Juckers	Albertus	20.08.1919	19.12.1944

Koule	Gerit Aliy	23.09.1918	18.01.1945
van der Kerkhof	Theodorus	10.12.1923	18.01.1945
Kingma	Gerben	15.06.1924	02.12.1944
Koogmann	Dirk Johannes	unbekannt	03.02.1945
Matta	Johann	21.10.1916	19.07.1944
Molenaar	Antonie Franziskus		
		22.05.1922	04.12.1944
Mädder	Gerard Joh.	04.02.1920	15.12.1944
Mouwen	Petrus Wilh.	17.12.1924	09.12.1944
Offenberg	Johannes	11.05.1924	17.01.1945
Pardon	Fram	12.04.1920	12.03.1945
Serenfeld	Karel	06.08.1918	16.07.1944
Tolsma	Folkert	24.11.1925	25.11.1944
van der Wilden	Johann	30.07.1892	03.12.1944

Die Urnen der holländischen Häftlinge wurden am 6. November 1946 und am 5. Dezember 1946 in die Heimat der Toten überführt. *(Quelle: Stadt Halle (Saale), Grünflächenamt, Abt. Friedhöfe)*

ZU DEN AUGENZEUGENBERICHTEN

Augenzeugenberichte von Frans Busschers

1. Meine Erlebnisse als Häftling in Amersfoort, Spergau und Zöschen. 72 Seiten, handschriftlich

2. Busschers antwortet auf Fragen zu Spergau, Biefe an den Autor vom 18.12.1995 und 18.01.1996

3. Busschers antwortet auf Fragen zu Zöschen, Biefe an den Autor vom 19.03.1996, 08.05.1996, 06.07.1996 und 27.08.1996

Augenzeugenberichte von Joop Epskamp

1. Mein Bericht über meine Verhaftung am 16.04.1944 in Beverwijk und meine Erlebnisse im Lager Amersfoort, sowie Transport nach und Ankunft in Deutschland. Brief an den Autor vom 17.10.1996.

2. Meine Erlebnisse im Lager Nietleben bei Halle. Brief an den Autor vom 05.11.1996.

3. Meine Erlebnisse auf dem Flugplatz Schafstädt. Brief an den Autor vom 26.6.1996.

4. Meine Erlebnisse in Ammendorf/Osendorf und als freier Arbeiter bei Paul Geheb, Merseburg, Ölgrube 15. Brief an den Autor vom 13.12.1996.

5. Epskamp antwortet auf Fragen zum E-Lager Zöschen. Brief an den Autor vom 17.10.1996.

6. Epskamp antwortet auf Fragen zu Schafstädt. Brief an den Autor vom 17.10.1996.

7. Foto von holländischen Häftlingen nach der Befreiung im Mai 1945 (aufgenommen in der Kaserne Geusaer Straße)

Quelle für alle vorgenannten Dokumente: AP Cux.

Augenzeugenberichte von Herman Poelma

1. Holländische Quelle: Harm R. Reinders, Aanslag en Represaille. Haan-Bedum 1984, S. 201 bis 216

2. Deutsche Übersetzung: Nichts als Elend und himmelschreiendes Unrecht sah man hier, Übersetzerin Hannelore Hauptmann aus Zöschen, AP Cux.

Poelma berichtet über seine Erlebnisse in Halle-Nietleben, Zöschen, Schafstädt und Ammendorf/Osendorf

Augenzeugenbericht von Christian Wolgemoed

Persönliche Erinnerungen von Wolgemoed, aufgeschrieben am 12.Oktober 1956 und am 31. Januar 1957.

Quelle: WAL A 1372

Rückschau eines unbekannten Holländers

Wir mussten auf schlammigem Appellplatz stehen. Bericht holländischer Häftlinge über Zöschen. Quelle: GAZ mjpe 2615 aeh. Der Name des Autors ist nicht mehr zu ermitteln.

ZUM DEUTSCHEN LAGERPERSONAL

1. Personalangaben

1.1 Daten nach polizeilichen Dokumenten in Zöschen

Liste sämtlicher Gestapoangehöriger und Wachleute, die im AEL Zöschen Dienst getan haben. Das Kreisarchiv Merseburg hat dem Autor diese Listen auf der Basis der polizeilichen Anmeldezettel aus den Jahren 1944/45 zusammengestellt. Diese Listen enthalten: Vorname, Geburtsort, Beruf, Anmeldetermin, letzter Wohnsitz und Alter der Angemeldeten (Listen im AP Cux., die Nachnamen der Betroffenen wurden dem Autor aus datenschutzrechlichen Gründen nicht mitgeteilt).

1.2 Angaben über das Wachpersonal nach dem Bericht Busschers vom 15. Februar 1996, Quelle: AP Cux.

1.3 Holländische Berichte über Vernehmungen und Urteile durch das Sondergericht Amsterdam gegen Angehörige des deutschen Wachpersonals.

1.3.1 Vernehmung von C. D. am 3. Mai 1948, Protokoll kontra W. F. Gerbsch. Quelle: Schreiben des Niederländischen Reichsinstituts für Kriegsdokumentation vom 25. März 1996 an den Autor, AP Cux.

1.3.2 Berichte der Tageszeitung Het Parol vom 13. Oktober 1947 und 12. Mai 1948, AP Cux.

1.3.3 Berichte aus einer unbekannten Amsterdamer Tageszeitung vom 11. Mai 1948 und 12. Mai 1948, AP Cux.

2. Dokumente über Anwerbung und Rekrutierung deutscher Wachleute durch die SS

2.1 Schreiben des Abwehrbeauftragten Dr. Schaumburg, Leuna, an die Filmfabrik Wolfen vom 29. Juni 1942, betreffend Anwerbung und Einstellung von Wachleuten. Quelle: Archiv der Filmfabrik Wolfen, Sekretariat Dr. Kleine, A 516

2.2 Auszug aus dem Protokoll von Max Rothert u. a. über das Erziehungslager Elbe in Piesteritz vom 11. März 1964, Quelle: Betriebsarchiv Piesteritz, Gummiwerke Elbe, Akte Verschiedenes, abgedruckt in: Fritz Gawenus, Die Ausbeutung ausländischer Arbeitskräfte, dargestellt am Beispiel der Stickstoffwerke in Piesteritz und der Elbewerke AG Piesteritz, phil. diss., Halle (Saale) 1971

2.3 Notdienstverordnungen

2.3.1 Dritte Verordnung zur Sicherstellung des Kräftebedarfs für Aufgaben von besonderer staatspolitischer Bedeutung vom 15. Oktober 1938. Quelle: Reichsgesetzblatt vom 18.10.1938 Nr. 170, Seite 1441

2.3.2 Bekanntmachung der Behörden, die Notdienstleistungen fordern können vom 8. Juli 1939. Quelle: Reichsgesetzblatt, Jahrgang 1939, Teil 1, Seite 1204.

2.3.3 Schriftwechsel der Direktion BUNA mit der Gestapo Halle (Saale), betreffend Rückgabe von Vorarbeitern aus BUNA, die als Wachmänner im AEL verwendet wurden. Quelle für das Schreiben vom 29. September 1944: BA BUNA Rep. 1021, vom 3. Oktober 1944: LAM Bestand BUNA, 491 Blatt 6 und vom 7. Oktober 1944: LAM Bestand BUNA, 491 Blatt 7.

Schreiben von Dr. Schaumburg, Leuna, an Filmfabrik Wolfen vom 29. Juni 1942. Quelle: Sekretariat Dr. Keine, A 5168, Unternehmensarchiv Filmfabrik Wolfen

Bericht des Dr. Buergin, Bitterfeld, vom 26. Juni 1943. Quelle: Staatsarchiv Nürnberg, NJ 14276

Aus dem Protokoll über das ehemalige Erziehungslager der Elbe AG in Piesteritz vom 11. März 1964. Quelle: Akte Verschiedenes, BA Gummiwerk „Elbe AG", Piesteritz.

Zum Auefriedhof

1. Schreiben vom 10. Oktober 1945 zur Anzahl der Gräber. Quelle: LAM, Kreisverwaltung Merseburg Nr. 662, Blatt 146

2. Schreiben vom 21. Juni 1946 zur Fürsorge für die Gräber der vereinigten Nationen. Quelle: GAZ

3. Schreiben vom 19. September 1946 zu Gräbern der Bürger der vereinigten Nationen. Quelle: GAZ

4. Schreiben vom 30. April 1947 zu Exhumierungen. Quelle: GAZ

5. Liste der am 13. April 1948 auf dem Auefriedhof exhumierten Niederländer. Quelle: GAZ

6. Schreiben vom 20. April 1948, Rechnungen für Exhumierungen. Quelle: GAZ

7. Schreiben vom 5. Juni 1948 zu Ausgrabungen auf dem Gräberfeld. Quelle: GAZ

8. Handgeschriebene Anmerkungen der Gemeindemitarbeiter Zöschen über Schwierigkeiten der Identifizierung der Grabstätten vom 5. August 1948. Quelle: GAZ

9. Schreiben vom 22. November 1948 zu Gräbern der Gebrüder Rietveld. Quelle: GAZ

10. Liste der auf dem Auefriedhof beerdigten holländischen Staatsbürger vom 21. Dezember 1950 (149 Namen). Quelle: GAZ

Zur Wiedereinweihung der Gedenkstätte am 21. Mai 1992

1. Über Gleichgültigkeit sehr enttäuscht. Brief der Zöschener Bürgermeisterin. Quelle: MZ vom 4. Juni 1992

2. Ansprache des Landtagsabgeordneten Cornelius Nägler. Typoskript des Redners. Quelle: AP Cux.

3. Ansprache des Pastors Richter, Wallendorf, nach Zacharja. Typoskript des Redners. Quelle: AP Cux.

4. Ansprache der Bürgermeisterin Edda Schaaf. Typoskript. Quelle: AP Cux.

5. Brief Frans Busschers vom 30. Mai 1997. Quelle: AP Cux.

(Ergänzende Berichte: Urnengräber kehren an Ursprung zurück. Mitteldeutsche Zeitung, Regionalausgabe Merseburg-Querfurt, 27. März 1992; Ehrenfriedhof gestern am alten Platz eingeweiht, Mitteldeutsche Zeitung, Regionalausgabe Merseburg-Querfurt, 1. Juni 1992; Mit Trauer, aber ohne Groll. Der Holländer Frans Busschers kehrt nach 45 Jahren erstmals nach Zöschen zurück, Mitteldeutsche Zeitung, Regionalausgabe Merseburg-Querfurt, 18. Mai 1993. Im „Nachtrag": Neuer Gedenkstein erinnert an 128 niederländische Häftlinge, Mitteldeutsche Zeitung, Regionalausgabe Merseburg-Querfurt; 01. 06. 2004; Weitere Gedenktafel wird enthüllt, Mitteldeutsche Zeitung, Regionalausgabe Merseburg-Querfurt, 02. 08. 2006)

1. Erlaß zur Errichtung von Arbeitserziehungslagern vom 28. Mai 1941. Quelle: BA Koblenz R 58/1027

2. Lagerordnung für AEL vom 12. Dezember 1941. Quelle: BA Koblenz R 58/1027

3. Lagerordnung eines AEL. Beispiel: Lagerordnung für AEL Watenstädt, zit. Gerd Wysocki, Arbeit für den Krieg. Braunschweig 1992, S. 349

4. Berichte von Otto Hofmann, Zöschen. Zöschen KZ-Erinnerungen eines Augenzeugen vom 11. Februar 1993. Quelle: AP Cux. Informationen über das Lager Zöschen vom 23. März 1997. Quelle: AP Cux.

5.Erinnerungen einer Dienstverpflichteten aus dem Ammoniakwerk Leuna. Bericht von Sidonie Häusler, geb. Lenz. Überreicht von Peter Lemmert am 31. Juli 1995. Quelle: AP Cux.

6. Erlebnisse mit Häftlingen. Bericht von Wilfried Czepluch, Halle (Saale), damals Lehrling im Technikum Leuna, vom 20. September 1995. Quelle: AP Cux.

7. Mitteilung über den Flugplatz Schafstädt. Schreiben von Johanna Krupke aus Schafstädt vom 16. Juli 1996. Quelle: AP Cux.

8. Schreiben des Landkreises Merseburg-Querfurt, Urkundenstelle Querfurt, vom 13. Mai 1996, betreffend Flugplatz Schafstädt. Quelle AP Cux.

9. Berichte über die Anzahl der Häftlinge, die 1944/1945 in Leuna und BUNA eingesetzt waren.

9.1 Niederländisches Reichsinstitut für Kriegsdokumentation. Schreiben vom 25. März 1996. Quelle: AP Cux.

9.2 Schreiben des Personalbüros BUNA an das Lager der holländischen Häftlinge, Block 19, vom 31. Juli 1944. Quelle: LAM Bestand BUNA 491, Blatt 10

9.3 Notiz zur Besprechung des Dr. Ecarius mit GB chem Berlin vom 4. August 1944. Quelle: LAM Bestand BUNA 491, Blatt 10

9.4 Notiz Dr. Ecarius, BUNA, über Besprechung mit Dr. Soiron vom 10. August 1944. Quelle: LAM Bestand BUNA 481, Blatt 15

9.5 Zusammenstellung der Gemeinschaftslager der Leuna-Werke vom 11. März 1945. Quelle: WAL A 1368

9.6 Tagebuch Walter Müller, Goseck, Eintragung vom 1. April 1945. Quelle: AP Cux.

9.7 Schreiben des AEL Zöschen vom 22. März 1945 an das KZ Buchenwald, betreffend Rückgabe der lagereigenen Häftlingskleidung. Quelle: Internationaler Suchdienst Arolsen, Schreiben vom 4. Juli 1997. AP Cux.

DIE FOTOS:

Umschlag: Galgenbergsche Literaturkanzlei und deren Lizenzgeber.

BUNA SOW Leuna Olefinverbund GmbH, Werk Schkopau, Unternehmensarchiv

Martin Pabst

Otto Hofmann

aus Privatbesitz Busschers

aus Privatbesitz Epskamp

DIE BENUTZTEN ABKÜRZUNGEN FÜR DIE ARCHIVBEZEICHNUNGEN:

BA = Bundesarchiv Koblenz

KAM = Kreisarchiv Merseburg

LAM = Landesarchiv Merseburg

WAL = Werksarchiv Leuna (jetzt dem LAM angegliedert)

WAB = Werksarchiv BUNA

GAZ = Gemeindearchiv Zöschen

AP Cux. = Archiv Pabst, Cuxhaven

Die Orthographie in den zitierten Dokumenten ist original erhalten. Gegenüber der Erstausgabe dieses Buches sind einige damals versehentlich falsch wiedergegebene Personennamen korrigiert. Wir danken Frau Edda Schaaf für die Hinweise.

Ach in den Jahren nach der Erstveröffentlichung des vorliegenden Buches hat sich auf dem Auefriedhof Zöchen einiges getan. Wie die Medien berichteten, sind zwei weitere Gedenksteine eingeweiht worden:

NEUER GEDENKSTEIN ERINNERT AN 128 NIEDERLÄNDISCHE HÄFTLINGE

Zöschen/MZ/zny. Landrat Tilo Heuer (SPD) hat gestern Nachmittag (*Anm.: am 31. Mai 2004*) gemeinsam mit dem ehemaligen niederländischen Häftling Teo Beek (80) in der Aue einen Gedenkstein für die Opfer des Arbeits- und Erziehungslagers in Zöschen enthüllt.

Bart Groot, ehemaliger Dow-Geschäftsführer, hatte ihn gespendet. „Groot war es in den neun Jahren seines Wirkens im Landkreis nicht nur wichtig für die Entwicklung der Chemie etwas zu tun", erinnerte Heuer. Auch das Erinnern sei dem Niederländer sehr wichtig gewesen. 3500 Menschen aus 16 europäischen Ländern waren im Zeitraum von 1944 bis 1945 im Lager inhaftiert. Rund 500 starben an diesem Ort, darunter 128 Niederländer. Deren Namen wurden gestern verlesen.

Vor dem Schweigemarsch durch die Aue fand in der Zöschener Kirche ein ökumenischer Gottesdienst statt, an dem neben Bürgern der Region auch Kommunalpolitiker und Abgeordnete teilnahmen. Pfarrer Hartmut Richter und Diakon Falken gestalteten ihn gemeinsam. Richter hinterfragte den Sinn von Gedenkgottesdiensten, wenn doch auf der Welt immer noch Menschen zu Tode gequält würden. In scharfen Worten kritisierte er das Vorgehen von US-Soldaten im Irak und zog Parallelen zum Erziehungslager in Zöschen. „Erinnern und Gedenken ist darum wichtiger denn je", so Richter.

Zöschen/MZ/ejä. Am 19. August (*Anm.: 2006*) wird eine Gedenktafel für die im Arbeitserziehungslager Zöschen gestorbenen russischen Inhaftierten enthüllt. Ihre Teilnahme haben der Vizepräsident des Landtages Sachsen-Anhalt und Mitglieder der russischen Botschaft zugesagt. Die Veranstaltung beginnt um 14 Uhr mit einer Andacht in der Kirche. Danach geht es zum Ehrenfriedhof, wo der Stein geweiht wird und Kränze niedergelegt werden. Anschließend ist Gelegenheit, miteinander ins Gespräch zu kommen.

Von August 1944 bis März 1945 waren im Lager in Zöschen rund 3500 Menschen aus 16 europäischen Ländern inhaftiert. 500 junge Menschen fanden hier den Tod. Alljährlich gedenken Gemeinde und Kirchen mit einem ökumenischen Gottesdienst der Opfer.